나무가 하는 말, 산책할까요

나무가 하는 말, 산책할까요

위난희 시집

그림과책

| 시인의 말 |

  소녀는 해마다 꽃씨를 정성껏 모았다
노란 종이봉투에는 삐뚤빼뚤
채송화, 봉선화, 백일홍, 과꽃 등을 적었다.
그리고 겨우내 기다렸다.
'씨앗을 심을 거야, 봄아!, 어서 오렴'
아무도 가르쳐 주지 않았지만
씨앗이 힘들까 봐, 흙을 체에 쳐서 보드랍게 만들었고
작은 온상을 만들어 투명 비닐을 씌웠다.
그리고 흙이 마르지 않도록 주전자로 물을 주며
눈이 빠지게 기다렸다. 드디어 기다리던 싹이 돋았다.
보슬비가 내리던 날, 손톱같이 자란 모종을 옮겨 심었다.
작은 소녀가 작은 꽃밭을 만들었다.
'어쩜!, 이런 생각을 했어, 기특하구나!'
어른들이 머리를 쓰다듬을 때마다 나비처럼 날아다녔다.
  소녀는 철마다 오빠들을 따라서 나무를 오르내리며 놀았고, 입이 짧은 탓에 과일로 배를 채웠다. 그렇게 나무들과 둘도 없는 친구가 되었다.
  펼쳐보니 일하는 틈틈이 지속한 20여 년의 영림일지, 흙과의 교감은 나의 가장 맨살의 친구, 속마음이었다. 이제는 나무와 꽃과의 눈인사를 거의 읽게 된 시점, 자연 속에서 넘치게 나눠주는 나무와 같은 마음결을 닮고자 한다. 그리고 가슴이 두근거리는 이 일을 계속할 수 있도록 소망해 본다. 나무와 함께한 나의 시가, 누군가의 마음에 시의 꽃밭이 되어서 잠시라도 고운 이들의 작은 안식처가 되길 바란다. 그리고 청한다.

'당신이 지속 가능한 삶을 실천하신다면, 게다가 사랑이 삶에서 최고의 가치라 여기신다면, 우리 함께 푸른 별 지구에서 다정하게 연대하며 살아요.' 그리고 즐거운 시작, 첫 시집을 발간한다.

많이 미흡하지만 용기를 실어준 사랑하는 가족, 팔마문학 동인, 월간 시사문단에 감사드린다. 꽃씨 한 톨, 나무 한 그루 심는 마음으로 정성껏 시의 숲을 일궈 보도록 하겠다.

노루숲에서, 위난희

차 례

4 시인의 말

제1부 사랑이 살린다

12 푸른 옷소매
14 인생은 아름다워
16 아름다운 손
17 그녀의 통신
18 사랑
19 첫눈
20 시금치
24 시간을 담다
25 삶
26 어깨의 시간
28 편지
29 두부를 만들며
30 소나기
32 부추 밭에서
34 멸치
40 고래의 노래
44 삼월의 교실
45 결별에 대처하는 법
48 쓸쓸함에 대하여
49 안개꽃
50 상록반
52 스물의 아침

제2부 길 위에서 시를 쓰다

- 56 순천의 봄
- 58 자전거와 윌리를
- 60 마음껏 금오도
- 63 오동도 꽃피다
- 67 꽃 절, 선암사
- 70 플루메리아
- 75 첫 마음, 남도 땅
- 78 향일암에서
- 80 남파랑 길을 걷다
- 82 하동 북천에서
- 84 서동상회
- 85 섬이 정원
- 86 섬진뜰 구례, 악양뜰 하동
- 88 매산등 정원에서
- 90 때죽나무 사르르, 난봉산길
- 92 여수, 천천히 빛나는 물빛

제3부　노루숲에 깃들다

98　숲의 생리학
102　요리에 대하여
104　노지 깻잎
106　11월, 한 줄 메모
108　호박고구마와 춤을
111　작은 집에서
112　우리 집 가는 길, 꽃길 좀 보실래요
113　야생 잼피를 따며
114　아침 숲속을 거닐다
116　숲속 일지
118　숲속 작은 집 정경
120　산벚꽃 중문
121　콩나물
122　봄님이 그린 수채화
123　빨래
124　애탕국
125　숲과의 대화
126　물소리가 다르다
128　감 잎사귀 돋아나는 때
130　가을 안녕, 겨울 안녕

제4부 여순사건, 부치지 못한 편지를 쓰다

134 와온댁의 부치지 못한 편지
136 현천 뜰에서 당신을 기다리며
139 흰 진달래를 보며
140 곡성댁의 애가
142 반월댁의 진혼곡
144 서교동 그 집, 능소화 피고
146 소한, 당신 생일에
147 위로
148 오월의 신

제5부 나무가 하는 말, 산책할까요

152 멀구슬나무집에서
155 우수
156 호미
158 얼레지의 꿈
160 잡초의 논리
162 시도 아니다
165 목련꽃 피어나는 시간
166 비비추 비에 젖어
168 눈 내리는 편백숲에서
170 정원생활자
172 휴휴산방, 실컷 놀다
175 나무가 하는 말, 산책할까요

178 해설

제1부

사랑이 살린다

마음속에 꽃이 앉았다
마음속에 꽃이 일어났다
분에 넘치게 탐하고 누리고 싶던
마음 자칫 손가락을 찌르고
행여 못쓸 인연은 예의를 갖춰 단단히
다시 풀리지 않도록
두 번 휘감아 매듭을 짓자

푸른 옷소매

사랑이 살린다
괴테의 말을 가슴에 묻었다
푸른 옷소매 그대여
수시로 고통에 직면하는 것
전율과 환희에 떨어야 하는 것
사랑의 속성을 알면서도
꼭꼭 단추를 채운다

첫 순간부터 헤어질 결심을 하는
그대는 항상 슬펐다
더 많이 사랑한 한없는 약자
잔인한 법칙 때문에
까치발 마음이 한데서 늘 추웠다
푸른 옷소매 그대여
오래 따듯하리라
사랑의 온 순간은 훔쳐갈 수 없을 테니

자아가 확대되어
분리할 수 있을 때까지
푸른 옷소매 펄럭하며 서성일게다
시간의 언덕길을 오르며

긍정으로 깨어나는 하루를 심으며
잘못해도 버려지지 않을
존재에 대한 단단한 안전성
네게 이르는 길
부서져 버려도
주문처럼 사랑이 살린다
괴테의 글밭에서 수시로 마음을 일궜다

사랑이 모든 걸 살린다
괴테의 말을 다시 품기로 했다
강물 같은 시간이 흘렀어요
서로에게 최선을 다 했어요
야윈 손가락 낡은 반지를
다시는 빼지 않으리라
작은 반딧불이처럼 날아오르는
푸른 옷소매, 그대는
편안하기 그지없는 차가운 빛
깃들기 좋은 그대 가슴의 숲이다

인생은 아름다워

린넨 한 마 펼쳐 수를 놓는다
올 짜임이 고르고 짱짱한 베이지색
마음을 동그란 수틀에 팽팽히 감아
살아온 날, 가늘고 뾰족한 7호 바늘에
인생 길목에서 꼭 만날 수 있다던
세 가닥 행운의 실을 겹쳐
살아갈 날, 정성껏 그림을 그려 수를 놓는다

바늘이 작을수록 구멍이 작을수록
원하는 위치에 정확히 찌를 수 있어
한결 얌전한 수를 놓을 수 있어
고단할 적마다 조심히 보풀을 제거해 가며
알록달록 살아온 날, 곱게 수를 놓는다
마음속에 꽃이 앉았다
마음속에 꽃이 일어났다
분에 넘치게 탐하고 누리고 싶던
마음 자칫 손가락을 찌르고
행여 못쓸 인연은 예의를 갖춰 단단히
다시 풀리지 않도록
두 번 휘감아 매듭을 짓자
엉킨 인연은

바늘을 돌려서 되돌아가 본다
오던 길을 천천히 가다 보면 꼬임을 풀어 주며
마음의 실을 따라가다 보면

꽃이 배고픈 찬 바람 부는 겨울밤
귀하기가 보라 비로용담 같던 사람
내려와 자고 있다
언제라도 어떤 부탁이라도 들어주던
흰색 약모밀 같던 사람이 웃고 있다
눈부시다는 것은 이런 것이야
가르쳐 주던 분홍 금낭화 그 사람, 한없이 그립다
풀어지지 않던 분심, 노랑 노루귀 몸짓 때문에
긴장이 풀려 털썩 주저앉았다
생각나구나, 참나리 주황색 확실한 성품
그 어른한테 문득 신세 지던 한 시절

한겨울 찬바람에도 떨어지지 않는 꽃
인생 정원에서 나를 다독이며 수를 놓는다
누군가 기웃거려 창문을 열어주니
호랑가시 붉은 열매 수틀 속으로
날아들어 콕콕 쪼다 무심하게 날아간다

아름다운 손

머루 눈빛
소년이 말을 던집니다
주글주글 손이 미워요
귀가 순해지는 나이라
간장 종지처럼 지그시 귀엽다
40년 넘쳐흐르는
쉴 틈 없던 수돗물에
씻겨 공손하게 앉은 찬기
살붙이는 물론이거니
옷깃 스치는 사람들을 위한
정직한 밥 짓기
거친 노동에 대한 유산
쌍가락지 낀 손이 좋단다
부풀어 오르는 밥
넌 아름다워
마음의 날씨가 맑고 푸르다

그녀의 통신

그녀가 왔었다. 외진 돌산 기슭에
나의 젊음이 엎드려 있을 때
툴툴거리는 버스를 타고 부시게 왔다

그녀의 의식에 흐르는 바닷물
소리 들으며 잠드는 저녁
사랑이여, 너는 추상이 아니다

혼자서 걸었고 혼자서 일했고
혼자서 그녀가 바닷새처럼 지저귈 때
어둠이 걷히고 밤새운 나의 일박
짐짓 모른 채 웃었고
내 의식에 파도를 일으키며
달아나는 사랑이여 너는 추상이다

조금 긴 꿈을 꾼 것 같습니다
하지만 당신의 눈빛과 말소리는
늘 함께합니다
바닷물에 떠오르는
풀꽃 같은 잘디잔 기쁨의 글씨
보인다, 사랑이여 너는 실로 추상이 아니다

사랑

오월의 정원이었다
만발한 꽃송이들
아무것도 안 보였다
단 한 송이
그대, 한 송이만 보였다
온 우주였다

세상에 가득 찬 향기
그대 이름, 한 송이
내게 걸어와서 피어났다
나를 살렸다

첫눈

문을 열었다
세상이 환해졌다
한 사람에게 문을 열었다
돌아보니 발자국이 선명하다
오래 함께 걸어가고 싶다

시금치

뭣으로 산다냐
초록 희망으로

향일암 코끝 바람 묻혀
버무려지던 갯가 사람
목숨 길이야
캐다 놓은 시금치
해풍에 내성 입어
좀처럼 얼지 않았다
제아무리 서리 묻은
칼바람 후려쳐 봐라
내가 몸서리치게 떨 뿐
얼려지나
등짝을 후비는 칼바람
무릎 꿇고 염주 알 세듯
더 낮게 엎드려
동그랗고 두툼한 잎사귀를 키울 거야
흙바닥에 어깨를 묻히고도
놓지 않아 초록 잎, 더 동그랗게 커질 거야
다지던 의지 위로 덮이던 찬 서리
등줄기를 샛노랗게 비틀어도

오동도 동백꽃
전해오는 좋은 기별에 얹어

돌산 능성이 참깨 꽃 눈물
참기름 한 방울
숟가락 얹어 비벼봐
얼음의 파편 같던 날들
다 녹아진 달디단 초록 숨결
발가락을 얼려도 멈추지 않아
분홍엄지 뿌리를 뻗어
더 깊이 여물어질 거야

시금치 한 단
여기 어머니 얼굴로 놓여있다
평생의 시간
품 안의 것들을 보호해
놓치지 않았던 마음

캄캄한 대한 추위도 지나
더 달디단 줄기
잎맥 사이에 숨은 숨결

캐다가 툭툭 털어 단을 묶어
책을 사고 운동화를 사고 소풍 김밥을 싸고
독 바람아 아무리 후려쳐 봐라
내가 얼려지나
소금물 펄펄 끓은 냄비 속에서도
내가 희망을 포기하나

어머니 한 포기
시금치로 앉아 계셨다
늘 쪼그려 앉은 뒷모습
소쿠리에 담긴
키워내야 할 새끼 시금치

돌산 능성이 삼백 평 밭
어머니 손길로 철마다 윤기 흐르고
싸락눈 종일 속을 까실거려도
곧 겨울잠을 자자
잊어 부러라, 곧 지나간다
살라면 잊어야 한다
잊어 부러라

오늘 밥상 시금치
동백기름 한 방울 단정한 가리마
옷맵시 더 단정한 엄마가 앉아 있다
어머니 언 흙 속에서 키워낸
뜨겁고 단정한 시금치 한 접시
참기름 한 방울 나를 깨운다
확 일어서게 한다

뭣으로 산디냐
초록 희망으로

시간을 담다

머리가 터질 것 같았다
문득 고개 들어 보니
서랍 속에서 때 묻은 생각이 굴러 다녔다
차곡차곡 버릴 것은 미련 없이 정리했다
욕심이 가득 찬 휴지통도 마저 비웠다

기다리던 비가 내렸다
빈 서랍 책장을 넘기니
풀섶 향기가 날라 와서 글자에 얹힌다
느긋한 시간
내가 나 속으로
들어가는 시간이 쏟아졌다

삶

그대가 움직일 수 있다는 것
밥을 먹을 수 있다는 것
한 사람을 사랑하고 있다는 것
한 사람에게서 상처받고 있다는 것
그래서 그대는 시시로 주저앉아
자신을 들여다볼수록 아프다
그러나 그대는 더 이상
꺾이지 않는다는 것이다

잘 걷고 있는 것이다
세상의 모든 것이 돌아앉아
더 이상 어떻게 할 수 없는
견디는 날들을 지내다 보면
자신에게 날개가 돋아나고
날아오를 수도 있는 것
하나의 별로 빛날 수 있는 일이다

잠시 머무는
이 순간을 오롯이 살자
땀과 눈물을 흘려 오늘을 살았으니
하늘이 이루는 것을 기다려보자

어깨의 시간

머릿결 수박 향을 맡던
설레임이 돋아나던 순간들
그대를 위해서라면 못할 게 없었다
겁 없이 쇳물에 근육을 녹이던
살을 뚫고 뼈가 자라던 순간들
터벅터벅 걸어 온
등짐 진 낙타 한 마리
바라보니 무참히 혹사했구나
파스 향 속에 쓸쓸해하는
마음을 붙잡아 작업화와 함께 조여 맸다
물집 터질라
상처 보듬고 모로 자는
옹이 박혀 굳어진 살의 시간
이제는 내성도 붙어 견딜 만 해졌다
내려다보이는 시간의 언덕길
드넓게 펼쳐져 구비 치는데
아스라이 붙잡히는 어깨의 시간
분 초였으리라
일 푼의 힘도 다 써 버린 저녁
무등을 태워 자식의 꿈에 올라타던
한순간의 희망을 위하여

땀, 눈물로 빚은 또렷한 화석들
치미는 부정적 단어들을
무수히 흡수하며 살아온 어깨의 노고
단단한 암반, 석회질 속에서
뚝뚝 눈물의 종유석을 키웠구나
서러워서 스스로 감싸 안았다
내려가는 길 초록 나무 잎사귀 아래
작은 평상에 반나절을 눕히자
애썼다, 튀어나온 말과 함께
나란히 누웠다

편지

수돗가 나팔꽃이 제 대신 다퉈서 문안인사를 드린다죠
보리 까끄라기처럼 못내 걸려서 살구 한 소쿠리 부치셨군요
아우는 종일 바람개비만 돌리는 걸까요
아버지 무거운 신발 끄시는 새벽 찬 눈빛의 논두렁길
앞서지는 이슬은 작은 풀벌레의 깨어진 숨결
몇 방울 어머니의 훔쳐내는 눈물이라죠
산수 벌 너른 옥답 허리 굽혀 모내기를 마치셨다구요
염려 마세요, 깨끗한 벼 한 포기 소중하게 키우겠습니다

두부를 만들며

네 마음을 본다
물에 불려 터질 것 같은
누르고 갈려 짓이겨진
순백의 네 진정
스스로 저어가며 속 태우지 말자
저 혼자 끓이다가 넘쳐 버리지 말자
온 힘 무명에 걸러서
눈물만 응고시킨 연한 순정
네 마음을 본다

세상 모든 것들이
집으로 찾아드는 저녁
두부처럼 쉽게 부서지고
두부처럼 쉽게 스며들던
네 마음을 본다

그대가 옳다
어쩌자고 아꼈을까
두부 한 모 앞에 두고
조심하게 대하지 못했던
네 마음을 고스란히 본다

소나기

햇빛에 몸을 바르는 시간이야
골고루 깔끔하고 정갈한
매운 맛을 모으는 시간이야
허리 아픈 바람조차 말라버린
밭고랑 사이를 점령한 땡볕 시간이야
고추 한 포대, 오가다 털썩 하찮은 시름
다 받아주는 마당 평상에서
숨을 죽어가며 숙성하는 시간이야

후두둑 땀방울 노고로 붉어진 시간이야
일곱 살 온 동네 뒤집을 듯 공차기
튀어 오르는 축구공보다
먼저 하늘의 표정을 살피는 시간이야
순간 공격수와 대치, 공을 뺏기 위해 발을 뻗어
몸을 비틀고 자세를 낮춰
순간적으로 달려가 저지해야 해

두껍고 어두운
수직으로 내리꽂히는 쌘비구름
스트라이커 뚫고 와
순식간에 골대 문을 통과한 공

순식간에 뒷덜미에 꽂히는 빗방울
죽자고 달린다
적진 수비수보다 빨리 수비해
엄마의 당부 걱정 잎사귀, 젖으면 안 돼
먹구름 통 소나기보다 먼저 선수를 쳐야 해
몸을 날려 후다닥 덮고 둘둘 말아 공을 사수해
놓친 공, 소나기 집중하다
유년의 골목길 뻥 차고 날아간 놓친 공

부추 밭에서

한 평 부추 밭에서
어머니 한없이 그윽하다

생각할수록 그리워라
초여름 비빔밥
이슬 채 썬 애호박
부끄러운 당근 채
송송송 부지런히 부추
가지런하게 비운 무생채
언제나 환한 계란부침
날이 갈수록 속마음 깊어진 고추장
쓱쓱 비벼 뜨거운 눈길
토닥여주던 시래기 된장국 얹어 삼킨다

부추 밭을 서성이다가
생각할수록 그리워라
자르면 알싸하게 매운 맛
흔들릴 때마다 밑 둥 북돋아주던
세상사 골목길 엎어질 적마다
당신 무릎에 앉히고
티 골라 가지런히 묶어주던

하나라도 좋은 거
더 먹이고자 애쓰시던
고와라, 부추 꽃대 흰 설움이
어머니를 고스란히 닮았다

한 평 부추 밭에서
어머니 한없이 그윽하다

멸치

옷을 벗자마자
후드득 떨어지는 멸치떼
말없이 털어서 말려본다

표층에 휩쓸리어
물결처럼 흔들리던 하루
꽃 피는 모래언덕 외해를 오르고
가차 없는 햇살에 몸을 내주다가
이웃 해안으로 쓸쓸히 내려오기까지
너의 작은 아가미로
더 작은 먹이를 걸러 먹으면서
힘을 비축해, 산란을 해야 해
사정 한번 봐 주지 않던 바람에
지느러미가 완성되고
비늘이 덮여 치어가 되고

한없이 보드랍다가도 매몰차게
내리치던 남해안 물길을
쉬지 않고 휘저을수록
탄력 있고 고소한 삶을 살게 돼
속삭이던 그지없던 젊은 날

나의 머리에는 귓돌이 있어
물결과 몸의 균형을 느끼는 블랙박스
너는 똑똑하단다
천년 앞서 달에 착륙했다는
할아버지 화석 이야기들
푸른 빛 인도양 기슭
산호초가 고향이었을까
뭉치면 죽고 흩어지면 산단다

우습게 여겼지
바닷물을 벗어난 순간 나는 자진 해 버려
멸할 멸滅자까지

크기도 작고
자신을 지킬 무기도 없던
내게 쏟아지던 수많은 천적들
도처에 적들이야
하나로 움직여 대항해야 해
나를 흐트러뜨리기 위해
낚아채려는 예측 불가한 시간들
조마조마한 날들

너의 존재가 이 바다를 지킨단다
할아버지 화석이 들려주던
긴 이야기 풀어낼
인생 친구를 반드시 만날 거야
기다리며 살아가는 거다

일사불란하게
움직이는 안강망 배들
파르라니 필사적으로 군영하는
대치의 시간이야
네가 경험해보지 못한
속도와 힘은 상상을 초월할 거야
두려움을 내쫓아야 해
하늘의 달빛, 바다의 고요
모두 승선시켜 손을 모아야 해

전부를 걸었어, 대동맥 터질 듯
노 젓는 소리 물살을 박차고 튄다
은빛 떼가 튕겨져 날아오른다
동시에 구르는 발
진정해, 숨을 가라앉혀

자자 소리, 파도는 한칼에 가르고
단번에 바람을 가르고
쉿! 모든 통제의 시간
횃불을 펼쳐라
그물을 펼쳐라
모든 것을 내려서 낮게 유인하라

불을 켜 들고 으스대지 마
거대한 규모의 선단을 자랑하지 마
너를 덮쳐 짓이겨 버릴 수도 있어
모든 것을 잃을 수도 있어

다 부서져 버릴라
느슨해서도 안 돼
그물의 부력에 힘을 더하도록 받쳐주는
십수 년 바닷가 세월을 경험한 그대의 본능
살아내 온 세월, 적당히 힘을 빼야 해
쉬지 않고 힘을 털어 내야 해
네가 경험한 질량으로

가래소리, 수확을 퍼 올려라

뒤범벅된 썰 소리, 밟으며 돌아오는 길
밤새 노동으로 떨어지는
피로감, 안도감, 기대감 섞인 포말
멀리서도 귀가 쫑긋거린다
다 왔구나, 다 왔구나
편안해진 솥마다 국을 끓여라
막걸리 동아리가 구른다
난리가 나는 젓가락들을
다독이는 착한 국물
오늘도 불만 없는 하루다
고추장과 함께라면
파르라니 밥상
너는 뼈대 있는 집안 후손이었다

옷을 벗자마자
후드득 떨어지는 멸치떼
덧나고 덧난 상처의 냄새
풋고추 간장조림 하나로
겁 없이 새끼를 키우던
뼈에 절은 비린내
소금 뿌려 젓갈을 만들고

곰삭은 김치를 버무리고
내 몫을 다 했어
머물던 생각이 닻을 내렸다
본능적으로 그물을 펼치고
점점 조여가다
순간 자세를 바꾸기로 했다
탁, 힘을 거둬들여
그물의 무게
파르라니 풀어 버렸다

옷을 벗자마자
후드득 떨어지는 멸치떼
말없이 털어서 말려본다

고래의 노래

답답하다, 방문을 열어놓고
누워 있는 고래 한 마리
눈물을 흘리고 있다

새끼 낳아서 젖을 먹이고
상한 속 엎드려 씻어 내기
덮쳐오는 파도를 피해서
약속 지켜내기
온 몸으로 가르쳤다
먹이가 부족할 때는 제 살을
기꺼이 내어주며
바이올린 쥐어짜는 소리
순간 위험해, 아기 바다표범
보호하느라 작살에 꽂힌 하루
800킬로미터 더 멀리 떨어진 곳
어두운 고요 속에서
행여 그대가 알까 봐 혼자 삼키던
신음, 진주 밭을 일궜다

산호초 아래 장난감 놀이
지친 자장가 소리

아기 고래 잠이 들면
지느러미 수면치기 공중 점프
어린 자식 가르치랴 고단해도
수평선에 스르르 안기자
더 바랄 게 없다던
그녀를 만날지 몰라
너의 통신 시작된다
꼬리지느러미, 흰무늬 구름 지문
그녀는 한눈에 알아챌 거야
높이, 더 높이 브리칭!

사는 게 갈수록 팍팍해져
먼바다, 깊은 바다 닥치는 대로 밥벌이
거친 빈손으로 돌아와도
말라버린 산호초, 며칠을 먹을 수 있을까
줄어드는 먹빛 조류
로프에 걸려 눈앞이 캄캄해지던 밤
더디고 쓰라리게 먼동이 터도
장쾌한 나의 사냥 재주, 녹슬지 않아
오홋! 공기 방울 내뿜어
그물망 드높게 펼쳐라

나는 생각하는 고래
수면이란 낭떠러지까지 내몰려
더 이상 도망치지 못하고
바닷새 걸러 들어
재채기로 다 내뱉어도
나의 역동성, 몸을 날려 뛰어오른다
높이, 더 높이 브리칭!

너를 해치지 않아
다이버가 다칠까 봐
나의 지느러미에 다칠까 봐
간격을 두고 헤엄치는
나는 생각하는 고래
나를 건들지 마
나를 잃지 마

답답하다, 방문을 열어놓고
누워 있는 고래 한 마리를 보았다
적도를 지나 너의 남극해
집으로 가자고 놀라서 흔들어본다

팽팽한 활시위 같은 등
구부린 후, 머리를 깊게
물속으로 더 깊게 박아야 해
숨구멍 너머 높이뛰기 브리칭!
반드시 그녀에게 갈 거야
바닷새 잔칫날, 물기둥 호호 불며
모사사우루스와 장난질을 할지 몰라
수많은 해류들이 손잡고 춤추는 곳
너의 몸짓, 벼락 치는 소리에 놀라
높이, 더 높이 솟구치는 곳
누구나 마음껏 브리칭!
가자, 더욱 가벼워진 뼈
지느러미 눈부시게 물살을 가르는
너의 바다로, 나의 바다로

*브리칭Breaching : 혹등고래가 몸 전체를 물 밖으로 솟구쳤다가 큰 소리를 내며 수면으로 떨어지는 행동이다.
*모사사우루스 : 물속 생활에 맞게 진화해 몸은 물고기를 닮아 길쭉하지만 뼈의 구조는 도마뱀에 가까운 지느러미를 지닌 해양 공룡을 말한다.

삼월의 교실

탐진강 송사리 떼 달음박질치는 소리로부터
시작되는 아침은 얼마나 흐뭇하냐

성급한 두꺼비 부지런히 교실을 기웃거리고
웃음소리마다 터지는 목련꽃 몸을 젖히고
만나는 눈빛이 얼마나 깨끗하냐

내 마음을 통해 너희들의 손으로
단발머리 어린 보리 싹에게 따뜻한 밥을 담거라
또 한 번 챙겨주는 기대는 얼마나 소복하더냐

결별에 대처하는 법

태풍이 상륙했다
몸을 관통하는 진로
마음을 부셔버렸다
넘쳐버려 무너진 의식의 물결
둑은 터지고 길이 끊겼다
다리가 잘려 떠내려갔다
흙탕물에 젖어 열에 들뜬 사람
정신을 놓고 있다
마음을 뿌리째 뽑혀버려
드러누운 밑동에 깔린
부러져 옴짝달싹 못한 채
눈물 흐르고
흙탕물 뒤집어쓴
평화가 날아다니던
일상의 세간살이
다 구질구질해서 못쓰게 되었다

어디에 숨었던가
마알간 햇살이 손을 잡았다
다시 사람을 살리는
부드러운 바람이 일기 시작했다

살림살이를 가지런히 정돈하고
물에 씻어 단도리를 했다
눈물 같은 소낙비가 쏟아졌다
마당을 청소하고 집안을 정리했다
손이 빠르다
다시 태풍이 오더라도
무너지지도 뽑히지도 않을 것이다
태풍을 통과하는 법을 배웠다
지난 시간은 사랑했으므로
충분히 황금벌이었다

새로운 모내기를 할 것이다
마음의 밭에 물을 대고
부드럽고 말랑말랑한 시간
공을 들여 어린 모를
착실하게 키워낼 것이다
황금벌판, 잘 익은 벼이삭들이
찰랑거리는 소리를 들을 것이다
쏴쏴 곳간 가득 하얗고
찰지게 고소한 알곡이 쌓일 거다
내 사랑은 다시 따뜻한 밥

한 공기를 품어 내놓을 것이다
누군가를 덮이게 될 것이다
그를 되살리는 따뜻하고
윤기 흐르는 밥이 될 것이다

쓸쓸함에 대하여

무성하게 잡초가 자란다
마음 밭에서 날이 새고 어두워지고
아무것도 못하고 망설임만 키우고 있다
일상의 모든 것들이 돌아앉는 날
혼자인 사람 하나
오래도록 잠들지 못한 영혼 하나
덤불 속에서 숨죽여 울고 있으리라
차돌처럼 단단해져라
나의 하나님, 그대를 맡기니
몸과 마음이 합일되어 편히 쉬게 하소서

안개꽃

남은 시려움이
이제부터 물빛으로 내린다
누구라도 사랑의 얼굴을 갖지만
사랑의 흰 손수건에 피 흘려본 이는
더욱 또렷한 얼굴을 지녀
하룻밤 내내 숨죽여 흐느끼거나
하룻나절 내내 가슴을 닫으려 해도
사랑 이전이거나
이후는 잡히지 않느니
어디에서든
싸맨 상처에 혼절한 영혼을 위해
사랑의 물을 뿌려야 하리

상록반

남해안 소읍 바닷물에 씻기는
초등학교를 찾아가던 날
흘러내리는 빗발 속에 이파리 쫘악
펴들고 기다려 주던
출석부를 나보다 앞질러 가져다 놓는
청푸른 나무 스물세 그루
봉선화 깍지로 햇살 툭툭 터질 때
별 하나 칠판에 떠오르면
또 하나 시리게
사그라지는 아해들과 만났다

당번인 준남이
비 뿌리는 날에도 화단에다 물을 주지만
내가 선 실내에서
더 굵은 비가 눈물을 지우고 있음을 보았다
종내 눈동자에 잠겨 들어
선생님 눈 속에 제가 **빠졌어요**
날개 축축한 바닷새로 파고들 적마다
그들의 따뜻한 손에 내가 잡힌다
마음의 빗장을 알 리 없는
메밀꽃 채취 물씬한 은희에게

무엇을 가르칠까
저보고 바보, 퍼영신이라고……
뙤약볕에 시든 나팔꽃 같은 얼굴로
미선이가 흐느낄 때
이제는 어떻게 그들을 껴안을 것인지
나는 얼마나 바닷새 울음에 가슴을 씻었던가
풀잎처럼 자주 밟히는 아해들에게
마지막은 밝을 것이니 안심해, 안심하라고
이르는 교실 지붕 위으로
한 번 더 씻기는 바닷새가 모여들고
오늘도 저희가 모르는 잘못으로
긴 그늘 나뭇잎사귀 뒤로
숨어버린 아해들을 깨운다

*상록반 : 남해 소도시 특수학급 학급 이름

스물의 아침

너는 뭐라고 말할 수 없는
크낙한 수줍음
그 속에 내가 묻힌다
층층의 눈물궤미를 웃돌 듯한
뜨겁고 화사한 꿈을
얼굴 숙이며 심층에 묻는다

그리고 너는
희게 젖어있는 수풀의 신새벽
그 속에 내가 태어나 더러는 노래하고
더러는 밝은 영혼으로
정결한 등뼈를 깎는다

그리하여 너는
사랑을 적시는 인간의 자유
그 어느 불꽃으로도 가슴의 상흔을
말릴 수 없을 때
우리의 표피에서 틔우는 말없는 기원
그것은 하룻밤의 사랑과 자유를 추스른다

그리하여 너는

시말을 알 수 없는 아슴한 그리움의 서정
나는 보풀이 인 한 장의 엽서가 되어
그대에게 읽히기 위해 헤매인다

제2부

길 위에서 시를 쓰다

갈대숲 칠게 사각사각
쉴 참 없는 밥벌이 중
누군들 허리 굽혀 살지 않을까
서러워 마라, 선암사 연못 댓돌 아래
겹벚꽃이 내미는 손
연분홍 손수건으로 씻는 땀방울
조계산자락 열두 폭 비단
일제히 힘을 북돋는 박수 소리에
사람들 이마에
고요히 싹 트는 초록 나뭇잎

순천의 봄

옥천 따라 한달음
유유한 동천에 안겨
어깨를 부딪쳐도 선선한 얼굴
호기심 가득 벚꽃이 터지고

지친 노동의 하루
순간마다 흔들렸던 마음 자락
일순간 애썼다
가만히 알아주는 산들바람

부지런한 봉화산 양지꽃 기척에
난봉산 노루귀 기지개를 켜고
갈대숲 칠게 사각사각
쉴 참 없는 밥벌이 중
누군들 허리 굽혀 살지 않을까
서러워 마라, 선암사 연못 댓돌 아래
겹벚꽃이 내미는 손
연분홍 손수건으로 씻는 땀방울
조계산자락 열두 폭 비단
일제히 힘을 북돋는 박수 소리에
사람들 이마에

고요히 싹 트는 초록 나뭇잎

대처에서 서성이던 내내
묵묵히 키운 꾸깃꾸깃 꿈
오늘 당신 밥상 보랏빛 위로
낙안읍성 자목련 툭툭 터집니다

자전거와 윌리를

그대가 찾아 헤매던 질문은
두 바퀴 바람 속에 모두 실려 있다
그대가 완성되기 위해서
얼마나 많은 길을 걸어야 했을지
순결한 노면의 충격과 진동이
그대에게 고스란히 전달되어
가장 흔쾌하게 도달하는 바람을 실어 온다
가볍고 날렵한 속도로
공기 저항을 최소화하는 삶의 자세
우리 살아가는 날
매 순간 바람에게 민감했다
치고 들어오는 맞바람인지
뒤에서 부는 순풍인지에 따라
행복의 괘에 엄청난 차이가 났다
서풍이 자주 불던 일상의 나날도 마냥 쉽지 않았고
남동풍이 그대의 시름 몇 조각 훔쳐갈 때
여름의 끝, 풍향을 감안해서 삶을 짜는 것이 좋다

오늘은 바람이 실어다 주는
무한 풍경 속으로 가만히 들어서자
한발 한발 페달을 밟으며

길 위에서 만나는 작은 것들을 통해서
마음을 탈탈 털어 버릴 수 있다니
넘어지고 부딪쳐 구르며
자전거 두 바퀴에 바람을 걸고
두런두런 삶에 대하여 이야기를 듣자
불어오는 바람에 올라타서
바람에게 기대어 함께 불어 보자
슬픔의 기록은 내버려둬라
반드시 문이 숨어 있을 거야
자전거 두 바퀴에 걸린 바람과 삶의 무게를
마음대로 다룰 수 있는, 장애물이여 오라
화려하게 놀자꾸나

바퀴를 들어라, 바람이 훑고 가는 먹먹한 시도
수심 가늠할 수 없던 하루치의 물길
그대가 찾아 헤매던 삶에 대한 질문은
두 바퀴 바람 속에 모두 실려 있다

*윌리 : 자전거 앞바퀴를 들고 2~3초 주행하는 고급 기술

마음껏 금오도

속이 시끄러울 때는
네 섬에 놀러 오라

아찔한 절벽에 몸을 띄우고
해안단구 비렁 길을 걷다 보면
기어 나온 속엣말
트레킹 코스를 앞서간다
바다 위 능성이 길을
먹구름 근심이
무등을 타고 날아가는 것을
보게 될 것이다
함구미 선착장 바닥까지 보여주는
투명한 바닷물이
꼼짝없이 사로잡는 곳
내 안 신과의 조우
모든 경계에서 꽃이 핀다
천진난만한 들꽃을 마주한다
목적지 없이 걷던 육지의 날들
마음의 틈을 비집고 들어와
너를 해치는 불길한 소리들
밟아가는 보폭 한 걸음마다 엎어지는

철마다의 시절 스승들
바닷새 깃털의 깨우침
귀하디귀한 작은 우주다

파도에 몸을 실려
리듬을 타기 시작할 것이다
스카프를 날리는 바람에
모처럼 균형을 잡을 것이다
마음을 놓쳤을 때
잡히지 않는 괴로움 던져두고
주저 없이 와라
수많은 인사를 퍼붓게 될 것이다
태어난 것들은 저마다 아프다
아픔의 마디를 넘어가는
살아내야 하는 길을 걷다 보면
미역바위 아찔하게
팔을 벌려 다가오는 곳
처음과 끝이 사람과 맞닿아
방풍 된장국 흰 김에 꽃피는 노을
비렁 딛는 걸음마다 놀라운 텍스트
굴등 전망대 바다 품은 환상 숲

어부의 두 손에 걸린 촛대바위
별, 달빛 정갈하다
300년 된 해송 즐비한 직포
흔들흔들 출렁다리 지나면
이룰 수 없는 꿈이 어디 있으랴
간절함과 친숙함에 접속하는 순간
망망대해 무한대의 꿈을 통과하여
깊어져라, 야생화 무더기로 피어나고
배춧속 심포 마을
한겨울에도 그지없이 따뜻한 외갓집 바다
예쁜 감성돔 헤엄치고 놀다 가는 곳
마음껏 금오도 비렁마다
섬과 섬이 부딪치는 리듬과 균열
지독한 습관을 끊어 단칼에 버리듯

속이 시끄러울 때는
지체 없이 네 섬에 놀러 오라
한걸음에 다녀가라

* 비렁 : 해안 절벽 길, 여수 방언

오동도 꽃피다

발을 씻고 있었다
사시사철 엄지발가락의 고단함을
바닷물로 씻어 내고 있었다

북극의 극소용돌이가
제트기류를 뚫고 내려오다가
내 볼에 부딪혀 꽃봉오리로 맺어
어찌해볼 수가 없었어
후박나무 아래서 기다렸다
동백나무 아래서 흔들렸다
바다로부터 헤엄쳐 오르는 힘
수정동 산 1-11
오동나무 잎사귀로 솟구친 곳

해풍에 두들겨 맞아
이제야 제 색을 추스른
해식애 곳곳 숨겨 둔 물길
자르르르 펼쳐 수를 놓을 테요
깊은 한숨 눈물 묻혀
바늘귀 빠르게 선홍빛 꽃송이
해신들 고이 모셔 영등달

금빛 꽃술로 떠오를 때
내 모든 것 다 내줄 수 있어
조금도 아깝지 않아. 툭 던져 버리는
뜨겁게 데여서 홀라당 벗겨지는 상처

북극의 극소용돌이가
제트기류를 뚫고 내려오다가
내 마음에 부딪혀 꽃봉오리를 떨궈
토실토실하게 살이 올라
튀어 오르는 옥빛 물살
산비탈을 기어오르자
유선형 날렵한 몸매
쏟아지는 관심에서 살짝 비켜 서 있는
더없는 그대의 마음
알고 싶어 뒤척이던 검은 빛 파도
네 마음을 먼저 살펴라
오동도 등대
정직하고 반듯한 방향성
자 일어나서 가라
더 이상 흔들리지 말고 가라
계단 아래 물결 속으로

해안 아래 사람 속으로
낭떠러지 아래 세상 속으로
시누대길 사각사각 일러주는
돌아 돌아서 가는 길
손길이 닿는 순간에
손길을 놓아야 해, 다시 한번 당부하는
꽃섬을 적신 바닷물이 나를 적신다

북극의 극소용돌이가
제트기류를 뚫고 내려오다가
내 마음에 파묻혀 꽃씨를 심어
누군가 찾아올 것 같아
꿈 하나 숨겨 떠날 것 같아
간절하게 원해 본 적 있어
바닷물이 멀리멀리 흘러가
수십 가지 색깔의 꽃다발을 피워
늦은 함박눈으로 푸지게 퍼붓는
기다리다가 저 혼자 피어
흔들리다가 저 혼자 떨어져

발을 씻고 있었다

사시사철 엄지발가락의 고단함을
바닷물로 씻어 내고 있었다.
잠든 바다 어깨를 덮어주는
누군가의 사랑에 응답해 주던
꽃섬을 적신 바닷물이 나를 씻겨준다

꽃 절, 선암사

온 지구를 찾아 다녔어
네가 여기 있는 줄 이제야 알았어
사는 것이 힘에 부쳐
죽을 만큼 일어나기 싫어
그냥 눈 감고 싶었다는 너에게
세상살이 두껍고 무거운 외투는
승선교 아래 걸어두고 들어와
채도가 다른 수십 가지 초록 이슬을
걸러 마신 지긋한 연배의 나무들이
맨발로 달려와서 어깨에 진 짐
하나씩 내려 줄 거야
첫 발을 딛자마자
부풀 대로 부푼 세상의
모든 꽃망울들이 꽃 튀밥을
일제히 터트리는 곳
번민을 끊어내는 절로 가는 길
초록 나뭇잎 박수치는 소리를 들으며 어서 와
사람들의 근심이 사라지는 곳
무우전, 담장을 따라 수십 그루
선암매 흙 담장 아래 눈썹 가지런히 떨어
행여 일찍 져버려도 아쉬워 마라

네게 줄 미처 풀어보지 못한 선물
세상 아름다움 다 버무려 비현실적인 풍경
겹벚꽃, 공기 줄을 타는 군무를 볼 거야
사느라고 바빠서 그것도 놓쳤다고 해도 괜찮아
꽃잎 다 떨어져 강물처럼 흐를 때
목구멍까지 찬 네 고단함
금세 녹여버릴 세상에서 가장 헌신적인
꽃들이 펼치는 온몸 투혼
오롯이 너만을 위한 단체안무
설선당 위 동백꽃 네 마음에 들어앉고
일주문 옆 영산홍, 자산홍 끄덕끄덕
네게 보내는 진실로 화사한 긍정
오후의 솜털 같은 시간 속에
꽃송이들 쉴 참 없이 퍼부어 쏟아지는
위로를 겹겹이 들을 수 있는 곳
평민의 숲길 할미꽃, 산자고, 현호색
네게 인사 하고 싶어
세상의 모든 꽃들이
죄다 모여 들여 기다리는 곳
신선이 바둑을 두었다는 절
인생 속 숨어있는

역전의 밥집을 찾을 수 있는 곳
무심한 마음으로 흐르는 계곡물에
잠시 손 담궈 봐
껍질을 벗고 밝은 결정체가 절 문을 열고
네 안에 들어오는 것을 보게 될 거야
혹여 시간이 된다면 무소유 길을 걸어
불일암 나무 의자에 앉아
훤칠한 후박나무를 잠깐 바라보고 와도 좋아
네가 선택한 맑은 소유가
참 잘 왔구나, 날아들 거야
굴목재, 숲속 햇살과 바람으로 키워진
향 깊은 산채 밥상, 숭늉 한 그릇으로
살아온 생애 여독을 다 풀 거야
네가 여기 오겠거니 마냥 기다렸어
화답하는 네 삶에서 한번 꼭 가야 할 곳
꽃 절, 선암사야

플루메리아

하와이 꽃 플루메리아 꽃말은
당신을 만난 건 행운입니다
꼭 제가 그랬습니다
길목 길목마다 처음 본
혹은 예전부터 알음알음 설핏 알던
귀인들이 척척 나타나 안내받은 느낌
예기치 않게 계획 없던 여행
그래서 결정의 마지막 날 저녁
여행 짐을 꾸리면서도 망설임을 접어 넣던
그런데 그게 모두 기우였습니다
당신을 만난 건 행운이었지요

그렇게 몽골과 러시아를 만났지요
이제 막 개발의 망치 소리 바쁜 울란바토르
바가노르의 대륙을 호령하던 칭기즈 칸
추위에 엎드려 자라고 열매 맺는
갖가지 들꽃의 향기를 키워내는 테를지 국립공원
몽골의 젖줄인 롤강
허르헉 식사와 양가죽으로 만든 게르에서의 숙식
밤하늘 수많은 별빛 속 전등처럼 빛나는 북두칠성 자리
몽골인 가이드, 작고 단단한 몸짓의 슈렝

십육 개월 아기를 키우는 엄마
한국어학당에서 갈고 닦은 유창한 한국어 실력
언어의 마술사 같았네요

그녀가 읊어 주던 몽골시
아름다운 몽골 땅
먼 곳으로 갈 수 있는 넓고 단단한 길
옛 기념비들, 성터들, 도시들
멀리서 반짝이던 고산준령들
푸른 하늘 활짝 갠 거친 들과 소금 벌들
사람의 마음을 펴주는 드넓은 초원들
준마를 타고 종횡무진 말 달리던 곳
아름다운 분지며 협곡들
숨 막히게 쓸쓸하고 아름다운
몽골 땅은 드넓게 기개 넘치고
거친 듯 포근한 모습을 갖고 있었다
말을 유장하게 부리던
열 살 즈음 흰 셔츠 맑은 눈빛
어린 칭기즈 칸 같았던 몽골 소년
데리고 와서 공부 가르치고 싶었다
아침 산책길에 이어지던

오름 같았던 크고 작은 몽골 초원의 산 능성이들
그 품서 바람 비껴 엎드려 피어나는 갖가지 약초들
꽃송이는 작았지만 향은 깊고 깊었다

시베리아 횡단 열차를 탔다
꼬박 24시간, 고단할 거라는 예측은 빗나갔다
몽골 국경을 벗어나자 왕성한 냉대림
여름을 맞아 초록 물놀이 중인 왕성한 수목들
드넓은 강줄기들, 드넓은 야생화 군락들
드넓은 자작나무 숲이 즐비했다
그리고 내내 함께하는
바이칼 호수의 깊고 넓고
푸른 물결들이 건네는 말
시베리야 횡단 열차를 타보면
인생은 호수처럼 바다처럼 드넓어졌다

젊은이의 섬 유노스지를 산책했네요
아기를 키우고 사랑을 나누고
강물처럼 흘러가는 사람들의 모습이 아름다웠다
바이칼의 지류인 안가라강 조망이
빼어난 객실서 깊고 푸른 바이칼호수를 봅니다

모스크바로 가는 문을 지나 스빠스까야교회
젊은 청년들의 혁명 결의가 빛나는 도시
이르쿠츠크를 산책합니다
혁명가의 아내, 귀족의 안락한 삶을 버리고
사랑을 선택한 고단했을 마리아
전쟁과 평화의 모델이었던 발콘스키의 저택과 흔적들
사랑했으므로 후회는 없었을까
혁명가의 아내들

러시아 정교회 수도원과 성당들
드넓은 숲 트레킹을 통해
저도 작은 자작나무 한 그루가 됩니다
통나무 비바람 비낀 탄탄한 주택들
아, 볼수록 깊은 눈빛 바이칼 호수
여러 갈래의 지류, 호수 강기슭마다
병풍림처럼 물결치던 끝없는 레드우드 군락과
은백색 수피 고운 자작나무숲의 어깨 짓

일정 내내 시 낭송으로 아침을 열어주던 분
찰칵 찰칵 수동카메라로 분, 초의 미학을 남겨주시던 분
발걸음마다 유쾌한 유머와 위트를 뿌려주시던 분

하모니카 선율, 다채로운 음색으로 노래를 쉬지 않던 분
그리고 그 시공간에 함께 앉았고 걸었던 모두들
당신을 만난 건 행운입니다
아침 동트는 빛을 보며 우리들은 박노해 시귀처럼
까치발 하지 않아도 키 큰 자작나무
아래 있으니 가슴이 커졌다
푸르고 깊은 바이칼호수 너를 오래 기억하리
북극성 같은 바이칼호, 마음 바다에 박혀 빛나리니

*플루메리아 : 당신을 만난 건 행운입니다

첫 마음, 남도 땅

이십 대, 첫 부임지 장흥
이렇게 아름다운 시골이 있었나
첫발을 디딘 첫 느낌
가을 햇살 가득 담은 바람이
들판 벼이삭을 소쿠리 속에 담아 찰랑찰랑 훑었다
강물 기슭마다 굽이굽이 나타나던
마을은 똘망한 아이들을 촘촘히 키우고 있었다
교실 가득 넘치던 웃음소리
놀라 툭 터지던 교정의 꽃송이들
투망으로 건져 올리면 양동이 한가득
순식간에 파닥이던 은빛 물고기 떼
탐진강 맑은 물은 누구에게나
발을 적셔주며 마음 훤하고 시원했다
눈을 뜨면 동자개 같은 소년이 봉투 가득 알밤을
다슬기 같은 소녀가 양푼이 가득
살구를 들고 서 있었다
학생들 곁에 서면
깊은 산자락 숲 냄새가, 산꽃 냄새가 풍겼다
지금쯤 그 애들은 그 곳, 혹은 타지에서
부지런한 면사무소 공무원이, 지엄하신 검사님이
꽉 잡힌 기업체 부장님이

자주 들락거리고 싶은 요릿집 쥔장이
곱게 살림 잘하는 사모님이 되었다네요
한동안 정말이지 미안했네요
새벽에 일어나 모내기할 논 갈아주고
오느라 늦었다던 우철이 냅다 혼내 키고
늘 자주 조는 민수 녀석, 표고 철에는
밤새워 표고 따고 다듬느라
꼴도 보기 싫은 표고, 일기장 눌러 쓴
마음 미처 못 읽어 준 거
산천도 사람도 모두 세월 앞에서 변했다
그래도 잊을 수 없다
수업하다 창문 너머 바라보면
산기슭에 활짝 피어있던 진달래를
강 너머 들판 자운영밭을
그곳을 쏙 빼닮은 청소년들을
자주 발길 다녔던 젊은 날 남도 땅
그 많은 곳 중 으뜸이던
고향 집 마당 같던 백련사
그냥 내려다보이는 칠량 앞바다
시선이 그지없이 포근하고
아름다우며 친근했다

잔칫상 같은 절밥을 보며 놀라는 나를
오늘 칠월칠석입니다 그래 이렇게 장만 했네요
보살님 어서 드시라며 부처님처럼 웃으신다
인덕 많은 나, 또 복을 얹는다
만경다설서 만난, 제멋대로 자란 찻잎을
잘 발효시킨 반야병다 떡차는
아기자기한 맛을 머금고 있다
보성 초은당 사람들과의 이야기
특히 안주인, 이 사람이 사는 방식
귀해서 눈물이 났다
태어나서 뭇 생명체에게 손톱만큼도
위해 없이 살고자 애를 쓰는 삶
헤어질 때 십년지기를 안 듯
땀 냄새 젖은 삶을 보듬듯
꼭 안았다, 이웃으로 계셔서 고맙습니다

오늘 내가 만난 사람들은
내게 복을 한 움큼씩 주셨다
사람들은 복을 지고 찾아오는 것
팔월에 뒤늦게 배운다

향일암에서

마구 살다 보면
돌산 갓김치가 그리운 날이 온다
그런 날에는 너를 만나러 간다
걸핏하면 화내던 바닷물에 씻겨
연둣빛 건들자 일제히 터지는
입을 가리고 묵언
눈을 가리고 묵심
아기 부처 바다처럼 반짝이고
거북이 등껍질 세상살이
저마다의 등짐
벗어야 통과하는
서슬 퍼런 고집의 요새를 지나
때가 절은 소원지 한 장 품고
비현실적인 공간, 대웅전에서 눈물 난다
아찔했던 욕심, 벼랑 위 집착
휘영청 쫓아버린 일출의 시간
맘이 멎고 눈이 먼
더 이상 편안할 수가 없구나
가장 **빠르게** 하늘에 기별 넣는 곳
해수관세음보살 피어나는 맞배지붕
마구 살다 보면

돌산 갓김치가 그리운 날이 온다
그런 날에는 주저 없이 네게로 간다

남파랑 길을 걷다

쇳물에 근육이 녹아가던 날
모처럼 철학자를 만나러 가기로 했다
의식을 옷걸이에 툭 걸쳐 두고
세상 가벼운 옷차림으로 집을 나선다
해안가 구릉 지대를 휘돌아 가는 길
낮은 언덕에 코를 박고 재채기 터지는
맑고 푸른 남해 포말을 보러 간다
몸을 표준음에 맞추는 시간이다
발바닥 전체로 건반을 누르듯이
걸음마다 바다를 밟으면서 걷는다
내 앞에 펼쳐지는 건반 같은 길
생각의 줄을 매단 새들이
하늘 높이 날아오르고 속도를 조절하며
걷는 보폭마다 서로 먼저 보겠다고
우르르 다가서는 나무들 아래
소금 절여 얼굴 파묻는 풀꽃들
끊임없이 피어오르던 일터에서의 욕심
주머니에서 하나씩 빼내서 버려가며 걷는다
내 앞을 턱 가로막는 오르막길
상체를 숙여 인사를 한다
보폭 좁혀 공손하게 손을 모아 오른다

힘들었어, 지나는 모든 길들이 외쳐댄다
잠깐씩 쉬어가는 것을 놓쳐서는 안 된다
어머니 걱정에
땀이 식기 전에 출발해라
아버지 거드는 말소리
당신들의 파열음에 목을 축이고 다시 길을 나선다
누구나 실수 한 가지씩 숨겨 둔 내리막길
털어 내, 생각을 가볍게 해야 해
욕심내지 마라, 세 걸음 앞만 내다보며 걸어라
튕겨져 오르던 파도가 발끝에서 들려주는 소리
모서리 바위라도 꽉 잡고 가라
어머니의 재삼재사 당부
정처 없이 오르거나
정처 없이 내려가더라도
쓸데없이 꽃 피고 열매 맺는 나무는 없단다
철학자를 만나고 돌아오는 길
파도가 깊어지고 마음도 깊어져서
의식에 떠오르는 반짝이는 별
푸른 빛 시리우스를 찾아 척 걸쳐 입었다

하동 북천에서

기차역은 여행 가방이다
가방 같은 열차를 타고
북천으로 소풍을 갔다
밥을 짓다가, 오늘은 쉬고 싶다
하는 마음을 받아들여, 번개 통신으로
유월 초하루는 생각보다 뜨거웠지만
낯선 곳 북천은 생각보다 화려했다
안개꽃, 수레국화, 양귀비, 패랭이꽃이
드넓은 마음 밭에 울울창창하게 심겨져 있었다
우리들은 하나씩 꽃 별칭을 달고
서로를 부르며 호호 웃음꽃을 피웠고
누군가의 사랑 이야기 흘러나오는 작은 계곡
기다리던 솔숲 무릎 아래
잠을 설쳐가며 수고스럽게
준비한 인생의 참을 나누며
열리지 않던 여행 가방 속에서 꺼낸
하하 웃음꽃, 안개 송이로 피워가며
낯선 면사무소의 시골 경관 농업도
날로 뜨거워지던 한 낮의
무례하기 그지없던 일상도
누군가의 친절 같은

사이다 한 바가지 바람에
모두 잊고 모네의 우산을 든 여인이라는
그림으로 저장된 하루였다
수레국화, 저만치 서성거리던
그녀의 불안했던 몸짓도
패랭이꽃, 갸우뚱 걱정 많던
이마의 머리칼을 쓸어 올리며
오래 사랑스런 시간이 절로 피어났다

*하동 북천 : 하동 북천역 주변의 논과 밭에 대규모 경관 농업을 조성한 곳

서동상회

구름의 놀이터, 운동산
이마를 맞댄 작은 마을
서동상회, 커피 한 잔
이야기 한 줌
원두 한 줌
시나브로 갈려지는 맷돌
아래 쏟아진 향기를 절반쯤 마신다
모내기 마친 유월
쪽마루 쉴 참
벼이삭 키워 자식 공부시킨
제멋대로 구부러진 농부들
알곡 찧어 수북이 쌓이는 흰 쌀알 웃음

천년 암자 도선암 1급수
미끄럼틀 타고 내려온
에스프레소 향기를 털어 다 마신다

*서동상회 : 농부들이 운영하는 마을 공동체 커피숍, 상사면 비촌리 서동2길

섬이 정원

남해 가는 길은 늘 그렇다
수첩 속 낯익은 길을 찾아가는 느낌이다
길은 파란 하늘과 닿아
우리들의 기도를 다 들어 줄 것 같았다
한사람의 땀방울로 꽃 핀 정원
이렇게 일구기까지
꽃과 나무를 흠뻑 사랑하지 않았으면
이루어내기 어려운 일이다
꽃철이 아니라 화사하지는 않았지만
앉을 때마다 색다르게 보여주는
돌담 오솔길을 따라 저마다의 간절한 소원
감추기 좋은 다정한 정원이었다
고요, 평화, 아늑한 따뜻함
가득한 정원에서 한나절을 보냈다
섬이 정원, 잘 자라거라
세상 속에서 사람들 눈물 떨구는 날 적어지길
그리고 정원지기 분께 축복이 늘 깃드길
한 사람의 땀방울로
온통 피어나는 꽃밭, 섬이 정원이다

*섬이 정원 : 남해에 있는 개인 정원

섬진뜰 구례, 악양뜰 하동

어깨동무 친구 같다
봄날 구례를 가면 늘 드는 생각
선걸음에 이삿짐 싸서 섬진강 보이는
아무 곳에나 눌러앉아 살고 싶다
고운 모래 물결처럼 부서지고 흘러가며
신언서판 악양 뜰을 가로질러
벚꽃들은 우수수 떨어지기 시작한다

스무 살 하동, 날을 새던
푸른 솔가지 위로 쌓이던 이야기들
모래톱마다 적어 놓았던 청춘의 몸살들
지리산은 누구에게라도 그냥 산이 아닐 것이다
섬진강은 누구에게라도 그냥 강물이 아닐 것 같다

섬진강 한눈에 출렁이는 사성암도 아니고
오르락 고갯길 칠불사도 아니고
늘 편안하고 수수한 연곡사도 아닌
천은사 볼우물 같은
수줍음이 그대로 남겨지길
감로수로 발효차를 우려
삼백 년쯤 나이 먹었다는

보리수를 바라보며
그리고 진짜 속 이야기 풀풀 풀었다
화엄사 슬쩍 비껴 연기암을 오르내리며
화개골 대성리 계곡에 발을 담그고
우리가 지나온 시간처럼
나머지 이야기 물소리에 섞여 빠르게 흘러갔다

지리산 속 상할 적마다 씻으러 내려왔을
대성리 호탕한 물길이 늘 흔쾌하길
하늘 담고 구름 담고 우리도 담궈졌다

매산등 정원에서

매산 등허리
순천서 가장 먼저 목련이 피는 곳
차석은 철도관사쯤일까
하긴 요즘은 도심 열섬 때문에
신도시 아파트촌 목련이
먼저 하품하며 생글거리지만
시간의 주름치마 잘 다려진
집과 정원을 밟아본다
도심 한복판 작은 동산처럼 솟은 부지에
자유 가득한 나무와 꽃이라니
작고 오래된 집이 주는 아름다움이
예쁘고 단아해서 오래 머물고 싶었다
멀리 매산고 건물이 빠안히 쳐다보는 곳
진리, 자유 차고 넘쳤다
정원주는 복댕이구나
오래된 살구나무에서 광주리 가득
살구를 받으며 살구 향을 마음껏 누렸다
이른 봄, 이 길을 걷다 보면
늘 쳐다보던 곳
너희를 박해하는
자를 위하여 기도하라

홍매화 거리에 자리한
기독박물관도 참 좋다
후박나무 그늘 아래 잠시 앉았다 가자
뒷마당 쌀뜨물로 자라는 텃밭
채소들이 송알송알
물감을 풀어 놓은 듯
부드러우면서도 아늑한
뭐든 품어 줄 것 같은
진리 자유 가득한 정원이다
수고하고 무거운 짐 진 당신
와서 쉬세요
빠른 걸음으로 천리향 마중 나온다

때죽나무 사르르, 난봉산길

밥을 짓다가
빨래를 하다가
불현듯 내려놓고
거친 살림살이 잠깐 내려놓고
뒷산을 오른다
덧신을 신은 듯
보드라운 이 산길이 좋다
몰래 좋은 거 하나라도
더 챙겨주려는 사람처럼 너무 좋다
온 산에 때죽나무
마삭줄 꽃이 날아다녀
나무들이 어지럽게 몸살 하는 날이다

나는 행복한 사람
때죽나무 꽃길로 시작해서
마삭줄 꽃길로 마무리하는
이 산길이 내 것이여 참 좋다

난봉산 선선한 바람에 올려
손끝 여문 그녀의 도시락
한 입 베어 물면 고와라

살아온 날, 잘 말려 개어진
맑고 따뜻한 옷 같은 날들
남피랑 둘레길, 곰배령 숲속에
다녀왔다던 초롱초롱한 이야기
야생화 한 떨기로 피었다
삶의 어느 순간
깊은 눈빛 산티아고 순례길을
꼭 함께 걷자던 약속에
가만히 듣기만 하던 나뭇잎들이
체관 가득 수액을 일제히 뽑아 올렸다
덧신을 신은 듯 부드러운
사르르 길이라 이름 붙인
난봉산, 발끝마다 노래 한 소절 지어
때죽나무 가지 위로 올려 주었다
세상을 아름답게 만들어 주렴
멀리 여자만 바다 품은
하늘이 두둥실 떠올라
겹산 굽이굽이 수묵화를 그리고 앉았다
우리는 조금이라도
살아가는 것들의 마음을 읽자고 약속했다

여수, 천천히 빛나는 물빛

며칠 여수에서 머뭅니다
어릴 적 뛰어놀던 오동도
한눈에 굽어보는
생선 등처럼 생긴 객실 방에서
나도 바다도 코발트 물감으로
천천히 깨어납니다

비단 물빛 다양한 색감으로
반짝이기 시작합니다
내 고향 여수가 이렇게 아름다웠구나
갑자기 놓쳐버린 시간이 아깝고
한없이 미안해집니다

일곱 살, 외할머니 댁에서 느꼈던
염분기 가득 머금은 바닷가 비린내
지친 배를 쉬게 하던 해 질 녘 포구 냄새
사람들 켜켜이 발자국마다 소금 냄새
그 짭조름하고 칭칭 감기던
멀미 맛의 공기가 싫었습니다
그리고 늘 양동이 가득 펄떡이던 해산물들
입이 짧았던 탓에 비린내 털어내며 예민하던

유년의 골목길을 지나 공부하러 온
순천은 벌판을 가로지르는 바람결이
벼 냄새를, 나무 냄새를, 강물 냄새를
함뿍 담고 있어
후후 그냥 콧노래를 불렀습니다

'우주가 인간에게 주는 가장 큰 선물은
사랑하는 힘과 질문하는 능력이다'

맨얼굴, 여수를 마주하며 정정한다
여수, 그 헤아릴 수 없는 비단 물결
휘영청 창공을 구르는 아름다움
여수는 진정한 바다였구나

결 고운 바다 빛
어쩌자고 몰랐을까
나는 오늘 여수 바다에게 다가가서
사랑과 질문을 동시에 띄운다
(세상에서 가장 좋은 바다는
있는 듯 없는 듯 넘실거리던
사람 속의 바다일 것이다)

당신이 그랬군요

바다가 지그시 좌르르르
초여름 물빛을 펼쳐 주시네요
세상에 존재하는 모든 바닷빛
마음에 스며들어 천천히 잘 보세요
보이시나요
이제야 보이기 시작하는 내게
아주 천천히 마음 쏙 드는
선물 풀어보는 시간처럼
보여주고 있네요

님들, 언제고 천천히 여수에 가보세요
누군가 다가와서 설레임 듬뿍
슬며시 손을 잡을 겁니다
비단 같은 느낌이 촉감마다 스치실 겁니다
오동도 시누대 잎사귀가
차르르르 차르르
체로 거르고 걸러 쏟아내는
바다 빛의 시간들

와서 보세요
쉬지 않고 서두르지 않고
사람들을 위한 비단옷 짓는
여수 바다 물결
그대 앞에 펼쳐진 오늘
비단옷 짓는 일은 당신 몫입니다

제3부

노루숲에 깃들다

그래도 사람이 아름다웠다
생각했다 하루 단위로 시간을 쪼개어
마음껏 살 수 있을 때까지

숲의 생리학

그래도 사람이 아름다웠다
생각했다 분 단위로 시간을 쪼개어
버틸 수 있을 때까지

쉼 없이 궁리하며 살던 아파트 문을 닫자
칼바람이 꽁지 미련을 싹둑 베어 버렸다
지하철을 빠져나오니 얼마나 기다렸을까
깍지 뒤집어쓴 싹 한 톨, 고개를 틔웠다
흠칫 놀라 부르르 떨었다
그래서 작정했다
기뻐서 고마워서 돈을 모으는 대신
부지런히 씨앗을 모으기로 했다
세상의 모든 씨앗으로
내 지갑을 빵빵하게 채울 거야

다시 돌기 시작하는 작약꽃
모세혈관까지 숨을 모으고 집중해야 해
오홋! 봉오리가 벌어졌다
탁구공처럼 튀어 오르던 시냇물
그녀가 신나서 멀리뛰기를 했다
초록 방아를 온 숲에 찧고 다녔다

차분히 앉아서 머리카락과 볼을 쓸어 주자
좋아서 바람보다 먼저 떼구루루 구른다

내 작고 앙증맞은 지갑에
구름을 열어젖히고 비추던 햇살 주워
손바닥 텃밭을 만들고
흙벽돌 두 칸 방을 들여 뉘이고
서슬 퍼런 바람에 파드득 살갗이 타 들던
어린나무를 심으며 날마다 나를 키웠다
수시로 쳐들어오던 기마병 칡넝쿨
항복, 항복해 백기를 꽂으며
밭고랑 흙 속에 호미를 던지던 날
툭 튀어 손등에 오르던 연초록 3센티쯤 무게
여름의 끝, 나날이 가벼워지던 공기
밤새워 앞날개 비벼 켜던 여치, 그녀로구나
공기보다 가볍게 더 가볍게
신나서 멀리뛰기를 하던, 그녀는 여치였다
가녀린 몸, 어디서 솟구치는지
네 만의 무늬를 키워봐
성가시게 해선 안 돼, 저만치 자라는 나무들
풀 섶에 거른 이슬을 두루두루 나누며 사는 곳

잘 익은 살구 툭 떨어지자
깨질라 백리향 솜이불 꽃 힘껏 받아 주는 곳
곤줄박이 화음에 놀라 후다닥 꽃망울 피운
큰 꽃 으아리 시치미를 떼도
미끄럼 타는 햇살이 다려 준
보송한 옷가지 주름을 펴 입고
참 좋은 관계를 다시 시작할 거야

기쁜 밥값을 하자
가슴을 채우는 일을 할 거야
머리로 살던 지난 날
허물을 부스러뜨려 흙 속에 섞으며
온 감각의 촉수가 살아나
으름 넝쿨처럼 쭉쭉 뻗어 오르며

무릎 꿇고 너를 만져본다
후끈 훅 끼치는 잣나무 심호흡에
노란 리본을 풀고 선물상자를 열었다
산 목련 이파리처럼 어깨를 펴고
제 일평생 꿈이었어요
숨결 보드랍고 촉촉한 아침 흙 속에서

나는 꽃을 피우기로
열매를 튼실히 맺기로
다시 씨앗을 부지런히 모으기로 약속했다

그래도 사람이 아름다웠다
생각했다 하루 단위로 시간을 쪼개어
마음껏 살 수 있을 때까지

요리에 대하여

스무 살 무렵
프릴 블라우스처럼 화사한 소스
플라멩코 춤처럼 농후한 디저트
요리의 신세계였다
서른 살 무렵, 나를 이끈 조화로운 삶
헬렌 니어링의 소박한 식사를
손에 쥐고 있었다
그렇게 방황하다가 만난
창호지 같은 우리 음식
곡채식의 간결한 아름다움
그 샛길에서 찾게 된
마음이 시원해지는 사찰음식
나는 송광사 절밥이 그냥 좋았다
공양간 뒤뜰에서 아무리 살펴봐도
별다른 식재료가 눈에 띄지 않았는데
그 모자라지 않던 딱 그만큼의 맛이
숲을 훑어 지나온 공기
햇살에 몸을 달군 조약돌이
걸러주는 물, 유용 미생물의 총합
장류 맛이 근원인 것을 깨달았다

마흔 넘어 이제는 때를 잘 헤아려
자신을 다스릴 줄 아는 조리를 하고 싶다
잠시 발 디디고 서 있는 행성 여행자
음식 사슬이 아주 짧은 식생활을 꿈꿔본다
머잖아 밭에서 거둬들인 과채류
쏟아져 나올 터이다
호박이 나, 호박이에요
가지가 저, 가지라구요
눈 맞추며 이야기를 걸어 올 것이다

여백을 남기는 식사를
집착하지 않는 식사를
적어서 많아지는 식사를
그래서 비온 뒤 풀 뽑듯
가볍게 욕심을 툭 던져두고
폐기물 한 홉 이상 나오지 말자
삼첩반상 단순한 조리법만으로도
모자람 없이 충분하고 넉넉하다
이제 쉰, 밥상을
제대로 차릴 줄 알게 되었다

노지 깻잎

고비마다 생각했어요
꺼칠꺼칠한 그녀의
손바닥 촉감
한번 쓰다듬을 때마다
억수로 진한 향
시오리길 먼발치까지
흔들어 대던 세상에 하나뿐인
내 편, 애틋한 노지 들깻잎

고비마다 생각했어요
윤기가 빠진 얼룩진 이파리
점들이 총총 박힌 뺨
게다가 구멍 뚫린 가슴
한복판 무당벌레 갉아 먹은 흔적
차곡차곡 실로 묶어
묵묵히 소금물에 삭힌
줄기만 도드라져 한없이 짠한 들깻잎

육체와 영혼이 부딪치던
그 청춘의 여름날
짜디짠 귀로를 위로하던

막된장에 깊숙이 파묻어 둔
상처도 많고 벌레도 먹어
구멍이 숭숭 뚫린 노지 들깻잎
온몸의 수분이 증발하던 객지 밥상
쓰디쓴 입맛도 되살려내던
내게는 세상 어떤 찬보다
손이 먼저 가는 선명한 목 넘김
세상에 하나뿐인 내 편
그녀는 애틋한 노지 들깻잎

11월, 한 줄 메모

미처 손대지 못한 일들
줄지어 기다리는데
일을 그르쳤다

이미 바라볼게 없다고
못질을 하자
대강 하려는 성질이
망치에 맞아 살을 뚫고
튀어나왔다
상처가 쓰라렸다

나무에게 배우자고
그래서 이겨내 보자고
눈물 훔치며 혼자 단단히 묶었다

아무렇게나 눕지 말자
마지못해 일어나지 말자
나무처럼 허리를 세워 심호흡을 했다

이 세상 어딘가에
내 손이 스치면

커다랗게 떨려서
온 힘으로 긍정하는
나의 몫이
숨어 있다고 나무 아래서
생각을 고쳐먹었다

문득 하늘을 바라보니
나무가 하는 말
어떤 삶을 살지라도
부디 찬찬히 사랑하자, 라고 했다

호박고구마와 춤을

이슬비가 내렸지요
유월 초 모내기 한창때
20년도 더 묵혀뒀던 산허리 밭
잡풀을 거둬 푹신한 퇴비로 넣고
마사토에 편백 부엽토가 켜켜이 쌓인 땅
좀체 말 안 듣는 돌멩이 좀 골라내고
속 깊은 두둑을 만들어

보드라운 소나기
풀과 나뭇잎을 적시고 우리도 적시고
애들 아빠 초등학교 여자 친구가 준
어린 순 똑똑 잘라 묻어주니
누군가 첫사랑 이야기에
밭고랑 가득 젖어 들던 온종일
호박고구마를 심었네요

사정 봐 주지 않는 비바람과 뙤약볕에
말라 죽을 거라고 염려하며 한 달
휴, 모두 다 무사하네요
그리고 무시무시한 풀과의 씨름
덧붙여 산속이라

산토끼, 노루, 멧돼지와의 두뇌게임
다 이겨 내고
인위적인 것 하나 없이
바람, 햇빛, 시냇물 소리, 산새 소리
벗하며 5개월 남짓
볼을 붉히며 배시시 호박 고구마
얼마나 고운지요
이 고구마를 드시는 분은
숲속 시냇물 소리의 가슴 시원함과
걱정거리를 물고 날아가 버리는 산새 소리
수풀 잎사귀의 그지없는 수런거림을
모두 드시는 것이네요

마음 가득 복을 주는 달이군요
곳간 가득 수확의 기쁨보다
지구 한 귀퉁이 건강한 땅을
일궜다는 자긍심이 샘물처럼 솟네요
첫 수확의 산고를 마친 흙의 건강함
손가락 사이로 느껴지는 만 가지 느낌
호미질로 해를 넘기고 말았네요
그리고도 예쁜 짓, 맛을 본 사람마다

여자아이 동그래한 주먹만 한 모양새
게다가 깔끔하게 달다고

늦가을, 호박고구마 등업하고
켜켜이 물드는 나뭇잎
군고구마 냄새 따라와서 기웃거리네요
사람들 웃는 냄새 가득
가을밤이 문을 열고 들어옵니다

작은 집에서

정성껏 만든 저녁밥을 먹으며 생각한다
검소한 세간살이, 사람이 주인공이 되는 안과 밖
마음속 깊이 담아 둔
좋은 집에 대한 모습을 조용히 보여 주는
그대의 집, 거닐면서 구석구석 행복했다
좋은 집이란 이런 것이다

우리 집 가는 길, 꽃길 좀 보실래요

우리 집 가는 길
꽃길 좀 보실래요
사람들 저마다의 꽃묶음 속에서
밥을 짓고 설거지를 하고 일터로 가네요
단 하루만 걸러도 표가 나는 들일
뼈를 저미는 고된 노동
손끝마다 박혀있는 옹이에
일제히 피어나는 자주 달개비
바람도 연장도 순해져서
우직한 사람을 건들고 가네요
당신이 지나온 논두렁길
진분홍 물봉숭아 고깔 통꽃
소곤소곤 따라다니네요

야생 잼피를 따며

멀미가 날 때
속이 뒤집어질 때
너의 잎사귀를 비벼 맡으면
머리가 마음이 깨어나곤 했다
여름 뜨거운 한복판
열무김치 버무린 잼피 냄새
더위에 지친 몸이 화들짝 정신을 차리곤 했다
초가을, 논물을 뺀 논두렁 고랑에서 거둬들인
추어탕 한 그릇에 화룡점정, 잼피 한 스푼
긴 겨울을 단단히 이겨 내라는 어머니 마음이 뭉쳐 있다

*잼피 : 초피(여수, 순천, 구례 지역에서 향신료로 이용함)의 여수 방언

아침 숲속을 거닐다

하늘 높이 뻗은 나뭇잎 사이로
밝은 햇살이라도 비치면
나무들이 춤추는 것 같다
지평선에 해가 돋아나기 전
이 푸르고 하얀 기운 속에서
오월의 향기가 숲속에 번져 가득 찼다
드넓은 초지 위로 찔레꽃 덤불 구릉을 이루고
덩달아 만개한 봄꽃들이 수북수북
온 숲은 만 가지 향으로 가득 채워졌다
더 높은 삶의 시간에 도달하고자
키 큰 나무가 되기도 하고
밤새 걸러서 더 맑은 공기가 되기도 하고
투명한 이슬이 되어 증발해버리기도 하는
오월의 숲속을 거닐다가
속으로 들어 온 초목들과
함께 뿌리를 내려 보기로 했다
자존심 센 엉겅퀴, 저 혼자 고고한 흰 작약
산딸나무 순결한 꽃잎, 십자가를 만들었다는 나무
힘겹게 꽃을 틔워 모두의 안부를 묻는다
살아가는 것, 노심초사했는데 다행이다
일하다 말고 숨을 깊게 쉬면

오월의 끄트머리, 지고지순하기 그지없고
벌써 보리수가 익어가니 해 지는 저녁이다
저녁 꿈속에서는 산딸나무에
올라가 놀고 있을 것 같다
땅속 깊이 뻗은 밑동 사이로
밝은 햇살이라도 비치면
사람들이 춤추는 것 같다

숲속 일지

나는 바란다
하루 종일 참고 일하다
퇴근하는 그대 지친 발길에
저녁만큼은 따스하길

나는 바란다
오늘도 힘들었다
기록도 못하고 치우지도 못하고
잠들어 버린 고된 밤
그대에게 가만히 덮이는 솜이불이기를

나는 바란다
일어나지 못한 아침
뻗치는 몸, 가라앉는 의식을 챙겨
기어코 일어나 아무렇지 않은 얼굴로
출근길 버스에 오르는 그대
웃게 해 줄 작은 유머이기를
그런 날들이 쌓여
꿈의 씨앗들이 발아되기를
그런 날들, 모두 모아
드리니, 진심으로 모두 드리니

숲속의 어느 하룻나절처럼
그대 모든 세포 시원해지기를
온 의식 다시 푸르러지기를
내일이 모두 다 산들거리기를

숲속 작은 집 정경

힘써 일했고 정성껏 인연을 만났으며
밥 짓고 청소하니 시간이 흘렀다
사소한 일로 마음 애틋하기도 하고
마음 구기기도 하면서
그러거나 말거나 묵묵히 자연은
제 할 일을 한 가지도 빼먹지 않고 잘 수행했다
참으로 덕스럽다
다시 오월의 초여름
숲속에 서보니 나무들 훌쩍 자랐다
자신의 잎맥, 애써 물 올리고 선을 만들어
한 잎 잎사귀를 완성한다

우리 숲속 작은집도 바빴다
천년 샘물로 가지런히 모내기도 했고
고구마 식재용 두툼한 밭두둑을 만들고
표고도 햇살 품어 단단해졌다
풀 속에 저 혼자 자란 꽃송이들 피었다가 지고
나이 지긋한 나무들은
다시 어린 나무에게 비빌 언덕이 되면서
제 몫을 착실히 하는 것 같다
그래서 숲속에 깃들여

온갖 풀 내음 속에서 땀방울을 훔치다 보면
아무 욕심 없는 건강한 날이 훌쩍 저물고
눈부신 아침이 훌쩍 온다

산벚꽃 중문

우리 농원 중간 대문쯤에
자리한 산벚꽃 나무랍니다
시냇가 가장자리 버찌 한 톨 뿌리내려
비스듬하게 자란 아름드리 산벚나무
적당히 거리를 두고
피어나는 꽃잎들 선들선들
햇살과 벌을 오가게 하는 꽃잎 통로
그래서 더 잉잉거리는 꿀벌들 하루해가 짧다
오늘 1년 넘어 숙성된 버찌 효소를 거르는데
깊은 약성이 한지에 먹물들이듯 스며들어
망종, 이마에 힘줄 불끈 솟는 이웃 농군들
잠시 달래 줄 음료 한 잔, 흔쾌히 내주는
속 깊은 산벚나무랍니다

콩나물

무엇보다 깨끗한 그것을 보았다면
가장 깨끗한 그것을 보았다면

평민의 새벽
비워 낸 자리마다
물 흐르는 소리 들린다
물 흐르는 소리 들린다

봄님이 그린 수채화

선선하고 보드라운 봄 흙 속에서
싹 틔우는 순들의 초록 함성
그리고 다투어 피는 꽃들
밭둑 산 벚꽃들, 낙화를 시작하고
아쉬워라, 한들 어쩌랴
그냥 숲에서 가뭇없이 나물을 뜯었다
고사리는 고사리에게 흠뻑
참취는 참취에게 흠뻑
두릅은 두릅에게 흠뻑
똑, 소리를 타고 흐르는 촉감
집중하는 동안 마음 제자리 챙겨주는
숲 덕분에 온갖 나물 냄새가 가득 찼다

긴긴 겨울, 한파를 이긴
봄나물 얹힌 한 덩이 밥
나도 곧 연두 잎사귀가 돋을 것 같다
오후의 선물이다
집에 오는 길, 꽃으로 베푸시는 화포댁 정원
담장 너머 향기 가득 부려놓는 흰색, 수수꽃다리
오래 서성이며 너를 기억 하리니
발견의 기쁨이다

빨래

나는 모처럼 숲에서 나는 햇살에 서서
탱자 나뭇집 막내 손녀로 되돌아간다
저 포도 넝쿨 그늘 아래 켜지는
잘디잔 여름 풀꽃을 건들다가
심호흡으로 훑어지는 바람에
물통 가득 거품을 일궈 빨래를 한다
겨울 섬처럼 외롭고 춥던 타지의 낮과 밤
어쩌면 나는 열 손가락 그리움을
옷 갈피에 비빈다
막내야, 사람은 물처럼 낮게 처하는 거란다
아프고 깊숙한 아버지 말씀
다시 시작하겠어요
빨래를 짜 올리면 발을 헹군 콩새의 노랫소리
서풍에 서걱이며 말려지는 내 순백의 영혼이 나부낀다

애탕국

눈바람 한 바가지
비바람 한 바가지
애를 피우며 견디었노라
파르르 눈썹을 털며
쑥이 돋았네요
놀고 있는 봄볕을 붙잡아서
소쿠리 가득 티끌 하나 없는
어린 쑥을 캐어본다
거친 눈발을 뚫고
바람 몰아쳐도 속은 한없이 깊어서
눈물 젖은 쑥, 잘게 다져서
부디 잘 되세요, 두 손 비벼 끓인 경단 국
잔잔히 다져 개나리꽃 지단 풀어 드리니
마음에 봄이 꽉 차서 뜨겁게 넘칠 것 같은 국
누군가를 숨 막히게 꽉 안아줄 수 있는 국
애잔함이 시골 촌뜨기처럼 못내 머무는 국
긴 여행을 하고 들어서는 이
먼지 날리던 푸석한 객지의 날들
촉촉하게 되살려주는 영혼이 시원해지는
봄을 조심스레 캐어 담아낸 쑥국 한 그릇
다시 길 떠날 채비를 하게 한다

숲과의 대화

아침 산보는 늘 새롭다
멀리서 보는 숲의 얼굴은
사려 깊은 사람처럼 깊고 또 깊다
품 안에 수많은 생명을 안고서
하나도 힘들지 않은 척
하나도 안 아픈 척
하나도 바쁘지 않는 척
숲은 항상 지그시 나를 건네다 본다
"잘 잤어요?"
조용히 다가와 묻고
한 걸음 물러나
"잘할 거라고 했지요"
다시 보내는 깊고 깊은 신뢰의 눈빛
달빛이 아름다우니 네 숲에 놀러 오렴
당신의 숲이다

물소리가 다르다

날마다 나뭇잎이 달라지듯
그냥 흐르는 것 같아도
물소리가 날마다 다르다
가만히 귀 모아 보면
세상사 모든 것은 날마다 다르다
우리가 이름 붙인 노루소
대봉 밭둑 뒤 시냇물인데
우리가 없을 때는 노루가 내려와서
소중한 우리 밭의 새싹 농작물로 만찬 하고
동그랗고 까만 구슬 같은 똥도 싸고
마음껏 노닐다가
우리를 보고도 훅 달아나지 않고
가다가 쳐다보고 고갯마루에서
다시 한번 쳐다보고 가는 곳
그래서 노루소라고 이름 붙였다
당신의 여름, 귓가에
맑은 물소리 들리시나요

짐짓 몸매를 추스르고
온갖 자연의 화음이
오선지 밖으로 튀어 오르는 소리

그럴 적에는 걸음을 조금 옮겨
명랑한 시냇물을 비껴
나무 아래나 언덕 위
넉살 좋은 반반한 바위에 앉아
눈을 살며시 감고
자연의 소리를 듣다가 선을 넘어
깜박 내 마음 소리를 듣는 것도 좋은 방법
시냇물이 오늘 제게 가르쳐 주네요

감 잎사귀 돋아나는 때

감 잎사귀 돋아나는 때
세상은 날로 아름다워지기 시작한다네요
시골이 가장 살기 좋은 시절이네요
이 시절 두어 달쯤으로
좀 불편하고 좀 덥고 좀 추운
시골살이의 애환을
모두 털어버릴 수 있지 않을까요
감 잎사귀 돋아나는 때
밥을 짓다 문득
청소를 하다 문득
모종을 심다 문득
연두가 연초록을 초록이
문을 열고 창문 위로 넘실넘실
햇살도 질세라 물소리 위로
부서지며 샤워하는 뜰
종종 분주히 일하는 발걸음
놓칠세라 잠깐잠깐 들여다보네요
감 잎사귀 돋아나는 때
만날 수 있다는 것
볼 수 있다는 거
그때 그 시점에

눈과 마음이 포개어져 공감한다는 것
그 연줄에 의해 내가 조응할 수 있다는 사실
감 잎사귀 돋아나는 때
내 곁에 와서 꽃 피워줘서
내 곁에 오셔서 이야기하고 함께 걸어주셔서
세상이 가장 아름다운 이 순간
감 잎사귀 돋아나는 때

가을 안녕, 겨울 안녕

가을은 참 많이 분주했네요
날마다 파란 하늘은 높아지고 햇살은 찰져서
자투리 시간이라도 허투루 쓰는 날이 없었네요
이곳에서의 몇 년 동안 가장 곳간이 넘친 한해였네요
애를 써서 돌보고 가꾼 작물 외에도
자연적으로 꽃 피고 열매 맺어
우리에게 수확의 선물을 듬뿍듬뿍 안겨준 가을이었네요
스스로를 평가하면 우리 지구 한 귀퉁이지만
제 손끝으로 건강한 흙을
숨 쉬는 자유로운 흙을 지켜냈다는 말할 수 없는 기쁨이
샘물처럼 차오르던 날이었네요
틈틈이 돈이 많이 드는 농사를 지었지만
"충만"이라는 단어가 동동 걸러지네요

이제 긴 노동, 수확을 끝낸 밭들은
밭두렁을 팔베개를 하고 발 뻗고 쉬세요
저도 쉽니다
내 서랍 속 반짇고리
찾아내 바느질 쉬엄쉬엄할 참이구요
보고 싶은 친구에게 손 편지를 보낼 거구요
아껴 두었던 책을 벗 삼아 나뭇잎 떨군

나뭇가지 고운 선에게
오래도록 눈길 주며 지낼 거구요
향 깊은 차를 천천히 우려내어 안녕
싸락눈 데불고 온 겨울을 맞이하네요
드러내지 않는 점잖은 색감, 담황색 이곳의 가을은
내년을 기약하고 안녕. 담에 보자며
눈을 찡긋, 멀어져 갑니다
내년에도 말없이 곁에서 지켜주는 하나님
손 모아 감사드립니다
세상 작은 생명들 모두에게
목도리 두르듯 따뜻한 돌봄을 주세요
그리고 이 글을 읽는 당신의 내년이
우리 처마에 걸린 갓 뽑은 무청처럼
늘 싱싱하고 푸르시길
모르는 길손 모두에게 축원을
안녕. 가을, 안녕 겨울

제4부

여순사건, 부치지 못한 편지를 쓰다

당신은 나이 들면

감꽃 그늘 아래서 서각을 하고 싶다 했지요

뒤뜰 대숲 바람 하프 선율에

대패 소리 나무 내음 잔뜩 묻힌

'행복한 사람'이라는

글 한 자 남기고 싶었던 양반

와온댁의 부치지 못한 편지

뻘배를 가슴으로 밀어 보셨나요
오만가지 근심이 다 묻히지라
가랑이 찢어지도록 올린 나무판 위 다리나
갯벌 바닥을 미는 다리나
온 삭신이 잘근잘근 얼어 토막나무
밤새 비바람 몰아치고 할퀴고 간
살얼음 갯벌서 꼬막을 잡소

엄동설한에 이다지도 맛있는 꼬막
늪 같은 갯벌 속 짭조름 방긋거리는 꼬막
오메, 찰지디찰진 질감 기차요
머리 휘도록 광주리 가득
율촌 장에, 여수 장에 내다 팔았소
선걸음 나선 오일장 일순 돌아오지 못한 당신
그 뒤로 아무리 용을 써도
살림살이는 갯벌 바닥 미끄러지는 뻘배였소
북풍 살을 후벼 파는 칼바람에
성한 몸, 마음 한 곳 없어도
하늘이 준 일감이라 어찌하는 수 없었지라
당신 덕에 보드랍고 고슬고슬하던 살림살이
통통배 잘 몰던 양반

온갖 기계 다 잘 고치던, 온 마을
시콩시콩 죽은 엔진도 금세 살려 내던 양반
불시에 잃어버린 살림살이
날마다 미끄러지는 갯벌
발버둥치면 더 헤어 나올 길 없는
밝아오는 아침이 얼마나 두려웠는지
얼굴을 갯벌에 파묻고
온몸으로 뻘배를 밀어보셨나요

동동글글 꼬막 팔팔 살짝 끓여
피멍 촉촉하고 탱글한 꼬막
한 접시가 살린 목숨 줄들
당신 가고 꼬막 어금니 물 듯 살았어요
새끼들 비단처럼 키워 내리라
와이셔츠 파르라니 키워 내리라
뻘배에 가슴을 묻고 작정했어요

단 한 번이라도 당신께 따순 김 머금은
꼬막 대접하며 온 시름 나누고
온 시름 다 녹이고 싶었어요

현천 뜰에서 당신을 기다리며

당신은 벼와 말을 하는 농군이었지요
옹이 박힌 손길로 88번 매만져야
벼가 쌀이 되는 시간의 여정
에헤 에헤루 상사뒤여
허나허나 둘이로다
모찌는 소리에
드넓은 지평선 논두렁을 지나
새참 이고 나가 대접하던 아낙
가진 것 없어도 흥이 가득 차던 들판에
길 가던 객도 어우러져 푸지게 나누던 모내기 밥
청양고추 얄팍하게 채 썬 부추 전
시래기 넣어 자박하게 끓인 콩비지찌개
한 철을 나던 양반
씻나락 갈무리부터
온 동네 모판 나누기까지
당신은 으뜸 이었지요
긴 가뭄, 이웃 간에 서슬 퍼런
밤을 꼴딱 새던 물 관리
굽은 허리 쉴 틈 없이
논둑 바르기는 또 얼마나 반듯했던지
산 같은 일거리 앞에서 혼잣말처럼 하던 말

눈이 게으르지, 무심하게 일을 해야 혀
당신의 정성과 의지로 출렁이던 전답들
갈무리하던 여문 손끝
서리 허옇게 내린 밑동만 남아있는 빈 논
걸어서 오실 당신을 그려 봅니다
들판에 서면 포부가 점점 더 커진다던
당신은 나이 들면
감꽃 그늘 아래서 서각을 하고 싶다 했지요
뒤뜰 대숲 바람 하프 선율에
대패 소리 나무 내음 잔뜩 묻힌
'행복한 사람'이라는
글 한 자 남기고 싶었던 양반
이 거짓 없는 들판, 옥양목 같던 살림살이
다 두고 어디로 가셨나요
오늘도 현천 벌 너른 들
곳간 채울 나락 쏟아질 듯 찰랑이는데
햅쌀 고봉밥 드립니다
꽃밥을 올립니다
날마다 들고 나는 길 아득하고
살아온 인생길 더 아늑하니
텃밭에는 녹두꽃이 피고

등목하던 우물가 곁에는
흰 봉선화 말없이 집니다
하매, 언제나 당신을 만날 수 있을까요

흰 진달래를 보며
-여순사건에 부쳐

언제 적부터였을까
가슴이 무너지기 시작한 것은
산과 강에는 얼음 갈라지는 소리가 사태 지는데
미열로 오슬오슬 터지는 꽃무지
세상사 고통을 꽃으로 갚을 수도 있구려
눈앞을 가리우는 인연의 꽃가지 서리서리에서 웃는다

곡성댁의 애가

밤마다 하얗게 참깨 꽃이 피고
희디흰 들깨 꽃이 뒤질세라 따라 피고
올해도 바짓가랑이 붙들고 자지러지게 피었네요
씨방 여물어 금세 꽉 차 터져 나올 듯
산그늘 내린 밭 귀퉁이
깨꽃 수건 머리에 쓰고
꽉 찬 울음, 깨를 텁니다
탈탈 털리듯 조금 있던 살림
거저 나누듯 살던 양반
죽정이 검불 같은 날들
한없이 가벼운 키질로 다 솎아내고
잘 말린 깻단 탈탈 터는 저녁
쏴쏴 떨어지는 깊디깊은 고소한 씨앗들
당신은 제게 있어 참 꼬순 저녁이었지요
말없이도 늘 여문 눈빛
척척 해 주던 일솜씨 그지없던 양반
샘물 오이지 냉국 한 사발과 호박 새우젓찌개
포실한 보리밥 위에 양념장 얹은
김 쏘인 누렁 깻잎
언제나 만족하던 밥상
차릴 때마다 떨군 눈물

참깨 꽃이 맺혔나 해마다 말로 거두고
짠 내 절어 대강 뿌린 들깨 꽃
갯바람에 후드득 떨어지고도 무성히도 달렸네요
들기름을 좋아하던 양반
그리움을 해마다 볶습니다
당신 몫 참기름 반병, 들기름 한 병
1년이면 그 힘으로 휘몰아치는 비바람
밭농사, 논농사 꽉 다문 입술 거뜬하던 양반
오늘도 마당가 대추나무 위로 반달이 놀러 왔네요
내년에도 깨꽃이 무성히도 필거요
여물디 여문 깨를 소복이 털 거예요
머릿수건 질끈 동여매고
단단하게 깍지를 채운 씨앗
쏴쏴 당신 봉분처럼 반질반질 털거요
가슴에 수북이 쌓인 한
모두 깨로 털어 낼 거요
참기름 집 장 씨 하는 말
'알다가 모르겠소, 아지매 것은
겁나 징그럽게 꼬순 기름이랑께!'

반월댁의 진혼곡

날마다 벚꽃이 피고
날마다 벚꽃이 지는데
바닷가 옹벽 기둥 삼아
해바라기 줄 지어 핀 동네
오늘도 쉴 참 없이 뒤척이는 파도
방파제를 저리 두들겨 패는지
사람 사는 세상 뭔 놈의 갈등
칡넝쿨 무섭게 울울창창
험한 세월 무식한 시간 속에
내동댕이쳐 부서지고
손가락 총에 죄 있는 이는 살았고
죄 없는 이는 속절없이 쓰러지고
풋고추 확 돌에 갈아 뽀얗고 푸르스름하게
담근 열무김치 막걸리 한 사발
세상사 시름 잊던 양반
포실포실 갓 찐 감자 같던 새댁 어쩌자고
한 마디 말없이 나동그라졌나요
하룻밤 자고 나면 이념의 깃발
밥그릇 엎듯 바꿔져
올망졸망 알토란 가족
이렇게 파헤쳐도 왜 말 한마디 없나요

겨울에도 벚꽃이 내리오
저린 속 함박눈이 푸지게 덮어주오
하고픈 말 갯가 칠게 마냥
앞뒤 구분 없이 많지만
암말 말고 기다려봅시다
장돌뱅이 세월 붉은 팥죽으로 살았소
어쩌자고 나를 두고
선걸음으로 모질게 가버렸나요
새끼들은 포트레인 기사로
바닷가 방파제 돌 쌓는 기술자로
날품 고단한 삶을 살아도
오순도순 잘살고 있소
당신 더 그리운 늦가을
밭에 앉아 생강을 캐고 앉았소
대추알 넣어 객지의 한기를 씻어줄
따끈따끈한 목젖 달래줄 생강 대추차
함지박 가득 끓여 놓을 테니
겨울 문풍지 울리는 밤
잠깐 쉬었다 가세요
기막힌 세월, 노여움 생강 향이 미쳤구려

서교동 그 집, 능소화 피고

아까워라, 능소화 뚝뚝 떨어지던 집
꽃보다 예쁘게 쓸고 닦던 돌담 안 보금자리
철도청 다니는 당신이 근사했어요
귀갓길 알사탕, 간식 한 봉지
저녁마다 별빛처럼 반짝이던 웃음꽃
고등학교를 졸업하고
짧은 머리가 채 자라기도 전에
첫 발령을 받게 되었다던 지방철도청
전라선 크고 작은 모든 역에서 근무했지요
야간근무의 고됨도
겨울이 되면 무릎까지 내린 눈을 쓸고
꽁꽁 언 전철기를 끓는 물로 녹여야 하는 고생을
한 번도 내색 안 하던 사람
대신 압록역 굽이굽이 섬진강의 아름다움과
남루한 시골 노인들의 무임승차를 고민하던 양반
한 번도 거르지 않고 월급날 신문지에
쇠고기 한 근
시어른 잘 잡숫게 잘게 다져
마늘 참기름 조선장 둘러
완도 산 귀미역으로 끓인 국
온 가족 삼대가 후끈하던 날들

당신 덕에 맨드라미 나날이 붉어지고
살림살이 때깔 고왔지요
급작스레 휘몰아치는 돌개바람에 부러진 느티나무
밑동 아래 벌벌 떨던 어린나무들
사람을 품은 건축사로, 사람을 살리는 의사로
남들이 부러워하는 이만치 자식 농사
당신이 항시 뒤에서 지켜봐 줘서랑께
우리 혼례 올린 능소화 꽃집
그날 이후 따순 밥 아랫목에 묻어두오

당신 집 마당에는
오늘도 능소화 만개하여 울울타리에
아까워라, 주홍빛 꽃 뚝뚝 떨어지고
애시 당초 당신 자리
창살 없던 감옥, 무작스럽던 세월
애타는 것 다 접어두고
어서 돌아와 편히 푹 잠드시오

소한, 당신 생일에

가장 추운 날
시리다, 마음도
손도 시리다
나뭇가지들도 시리다
시리다, 세상의 모든 것들
말 한마디도 안 나오는
기막힌 시간조차도 시리다
길 나선 사람의 귀가 시리다
흩날리는 눈도 시리다
바람도 되돌아갈까 생각하며
발이 시려 잠깐 멈췄다
아직 돌아오지 못한 사람 있어
길은 멀리멀리 마중 나가고
얼어붙은 정화수 물그릇
초승달이 용서하듯 떠올랐다

위로

얼룩진 마음을 씻는다
하얀 쌀을 씻는다
미움의 주근깨
마음 한구석으로 쏠려
둑을 이루기 전에
한주먹 퍼서 믹서기로 갈아버린다
고소하고 부드러운 너의 진실
부르르 넘쳐선 안 돼
마음이 뭉치지 않게
마음이 타지 않게
약한 불에서 보글보글
계속되는 너의 사과
소금 한 꼬집
참기름 한 꼬집
완성된 흑임자죽 한 그릇
목을 넘고 마음을 덥혀
뇌를 통과한 말, 툭 터진다

오월의 신

마침내 모든 꽃들이 피려나 봐요
아무리 게으른 꽃과 나무도
모두 일어나 세수를 하고
앉아 기다린다지요
감나무 잎사귀 돋아나는
연두색 분칠 아래
아름다움이 세상을 뒤덮으려 한다지요

아침을 여는 세상 사람들
품에서 감탄사가 절로 난다지요
그대는 날개를 펴고
향기를 묻혀 날아다닌다지요
바람이 밀어주는 나뭇잎 그네를 타다가
가만가만 꽃술 아래 떨리는 숨결
고스란히 묻혀 날아가는 벌 한 마리
감탄사가 뭉쳐 꿀 한 통 모았다지요
마침내 꽃들이 모두 피었나 봐요
그리움이 뭉쳐, 송골송골 맺혀
바람의 체에 걸러져
되살아나는 첫사랑
그대보다 더 많이 사랑했던 죄

영혼이 다 털리던 삼투압
사랑의 약자가 되어 마르고 쪼그라지던
메마른 강물처럼 흘러가던 날
새카만 구름처럼 뭉쳐 가던 날
그대의 꿀 같은 약속 끊임없이
나를 재구성하고 들뜨게 만들었지요
날개 부딪치는 목소리 한없이 듣고
싶어 하던 그대가 오신다지요
나의 모든 것을 던졌어요

그대를 기다리는 것은
지치지 않는 유일한 일이었어요
그대는 내가 믿을 수 있는
가장 신뢰하는 내일이었어요

한순간도 낡지 않았던
흰 버선발 꽃그늘 아래
기다리던 그 사람이 걸어서 나온다지요

제5부

나무가 하는 말, 산책할까요

사는 것이 복잡하여
어딘가 가버리고 싶을 적에는
네 수많은 꽃잎을 기억 하리
원뿔 모양의 꽃차례에 무더기로 피어
간지럽기도 하고 설레기도 하던 말들
푸른 잎사귀 옷소매에 날아오르는
날아올라 나부끼는

멀구슬나무집에서

더는 바라지 않기로 했다
수천 송이 그리움을 달고도 끄떡없는
네가 자리한 작은 집에 살게 되면서

순한 바람을 따라 가다 만났지
피할 수 없는 눈길
아름드리 품에 초록 잎을 가득 걸고
연보라색 꽃다발이 출렁거렸지만
바쁜 살림살이에 묻혀 몰랐다

걱정이 총총 든 날
네게 내려앉은 밤하늘 별빛
창문을 열었다가
홀린 듯 밖으로 나섰다가
순한 바람을 따라 가다 만났지
은은하면서도 달콤한 스물세 살 분향
오월 늦은 밤, 한번 품어주는
꽃향기로 평생을 날 수 있었던
무성한 초록 잎 아래
연보랏빛 꽃송이로 감추고 살았던
어두워질수록 더 짙어지는 그리움

유월의 따가운 햇살에
적당히 자기 몸을 달궈가면서
너의 꽃잎 수천 다발 열리는
몽글몽글 구름처럼 만져지는 그리움

사는 것이 복잡하여
어딘가 가버리고 싶을 적에는
네 수많은 꽃잎을 기억 하리
원뿔 모양의 꽃차례에 무더기로 피어
간지럽기도 하고 설레기도 하던 말들
푸른 잎사귀 옷소매에 날아오르는
날아올라 나부끼는

책 속에 묻혀 글을 쓰고
책 속에 묻혀 글을 읽던 분
내가 차리던 작은 밥상을
세상 귀히 여기던 분
내가 준 멀구슬 꽃송이 하나
책 속에 덮어 그 묻어나는 향기로
더 많이 글을 쓰시고 글을 읽으셨다던 분
한 번도 자라는 곳을 탓하지 않던 분

속에다가 단단한 무늬를 새기시던 분

긴 열매 자루에 주렁주렁
매달려 뒤덮은 그리움이
겨울을 지나도록 노랗게 말려지고 있다
무척 단단한 염주를 만들며 살고 있다
더는 바라지 않는다

네가 서 있는 작은 집
창문을 열어두면 온 방안에
멀구슬나무꽃으로 가득 찼다
원이 없다

우수

얼음이 동동 떠다니는 시냇물 받아
오슬오슬 떨고 있는 씨앗 하나 흙에 묻는다
무작정 기다리는 거야
세상의 모든 씨앗을 꺼내놓고 너를 기다린다
머잖아 얼음이 슬슬 녹아 없어 질 거야
네 고통도 사라질 거야
달래장 만들 깊은 장을 담그자
머잖아 수달이 물고기를 잡을 거야
날이 풀리면 그대 마음도 점차 누구러져
뭐든 시작을 할 수 있을 거야
눈과 얼음이 흘러 매화 꽃술에서 맺혔다
향기 한 방울 참 시리고 맑다

호미

촉촉한 흙을 만지러
주말마다 텃밭에 가면서
호미를 찾게 되었다
그 후부터 호미는
늘 내 손 뻗으면 항상
잡을 수 있는 곳에 비치해 둔다
끝은 뾰족하고 위는 넓적한 삼각형 도구
목을 가늘게 휘어 구부린 뒤 둥근 나무 자루에 박혀
흙을 만지며 씨앗을 심고 열매를 거두는 시간 속에서
내 손을 돕는 섬세하고 순한 연장
언제 어디서나 흙속에서 키워내는
것들을 돕는 나의 거룩한 조력자
철퍼덕 엉덩이를 붙이고 낮게 엎드려
공들여야 잘 자라는 농작물 키우기
너를 잡으면 말할 수 없는 긍정의 힘이
주어진 대로 순응하는 삶의 방식이 묻어났다
노동의 하루를 달게 받아들이며
불안해하지도 변덕도 없다
원칙을 지킬 뿐이다
너를 만난 뒤부터
정확히 말하면 밥벌이를 끝낸

내가 쓸 수 있는 자투리 시간마다
너를 챙겨가서 산밭을 일구면서
일절 세속의 욕심으로부터 편해졌다
게다가 여행을 하지 않아도
풀냄새가 보고프지도
낯선 곳의 불빛 아래 사는 이의
이야기가 많이 그립지는 않았다
적정기술의 꽃, 너는 다재다능한 호미다

얼레지의 꿈

내 무릎에 와서 쉬라고
얼룩덜룩 갸름한 잎사귀
수평으로 펴서 종일 기다리고 앉았다

하청업체 납품 기일 독살스런
야근에 얼룩덜룩 작업복처럼
얼룩덜룩 헤진 일주일을 눕혀본다
산골짜기 보랏빛 바람에
반쯤 뒤집어진
잇몸 만개하여 잠든
또 다른 노동자
불철주야 야근에
납품 기일 간신히 맞추고
쓰러지듯 곯아떨어진 봄

얼마 만에 보는
날렵한 초승달 곡선인가
나른한 졸음 끌어다 놓고
꽃송이에 걸린 오후 한 자락
얼룩덜룩 잎사귀가 일어나서
뭉친 종아리를 풀어 주었다

떡갈나무 반그늘
옷장의 문이 열리는 날
녹색 셔츠를 입어보자
바람난 초승달 꽃잎이 받아주어
나도 척 안겼다
쓰러지듯 곯아떨어진 노동자
초승달 웃음꽃 피었다

잡초의 논리

이랑을 만들었다, 상상하라
촉촉하고 보드라운 살결
아무렇게나 못난이 씨앗을 묻어도
기쁨처럼 터지는 꽃송이 앞세우고
깊어지는 과즙의 속마음
김칫국물 마셨다
장구한 수명의 너란 존재
찬란한 생존 전략
막다른 길목 옹벽 낭떠러지에서도
한 알의 흙 알갱이를 골라
싹을 틔워 연둣빛으로 방긋거리는
콘크리트 보도블록 꼼짝없이 갇혀서도
짓밟혀 다친 몸 추스르고
말없이 오늘을 살아내는
온갖 연장으로 무장하고 맞섰지만
참패했다, 절망을 모르던 네게 졌다
서서히 스며들어 남몰래 숨을 거둔다는
제초제, 차마 쓸 수 없어
마분지, 검은 비닐, 플라스틱 비료 포대로
너를 가둬 말려 죽여버리겠다
이랑을 달려가던 마음

종자에 섞여 품질을 저하시키고
경작지의 성장을 방해하고
병균과 벌레의 서식처
근원을 알 수 없어 해가 되는
경작 생활을 좀 먹는 놈
어금니를 물면서 작정했다
울퉁불퉁 돌덩이가 박힌 길
자갈이 굴러다녀도
삐쭉이 나온 얼굴로 꽃을 피우고
때와 장소를 가리지 않는 놈
더 이상 마음을 손상하지 않기로 했다
잡초, 너를 인정하기로 했다
베어다가 푹신하게 깔아주면
고구마가 쑥쑥 자란다
참깨꽃이 무수히 달린다
농사를 지으며
더 이상 죄를 짓기 싫었다
대결의 끝, 호미를 씻으며
시골길처럼 스스로 한적해지기 시작했다
무성하던 마음의 풀섶에 한가로이
밀레의 만종이 울렸다

시도 아니다

일곱 살 소녀는 아무도
가르쳐 주지 않았지만 생각했다
흙을 곱게 비벼서 씨앗을 심어야지
단물도 뿌려줘야지
분꽃이 피었다
동그란 저녁 밥상
소녀의 머리를 쓰다듬자
꿈속에서 나비가 날아다녔다

스물여섯 살 아가씨는 아무것도
배우지 못한 채 시집을 갔다
울면서 하는 설거지
두 살 터울 형제는 불쑥불쑥
담장을 넘나들며 자랐고
직장 다니는 여자의 살림살이는
날마다 구멍이 생겼다
그럴 적마다 아무도 몰랐다
그 여자 가슴에 까맣고
단단한 분꽃씨앗이 여무는 것을

그럴 적마다 집을 나가고 싶었다는 것을

마음의 보따리를 쌓다 풀었다
제 모양대로 품어주는 보자기 노릇도
세상 쉬운 게 하나도 없구나
한숨짓다
몰래 가슴에서 떨어진 분꽃을 모아
딸에게 걸어 주는 분꽃 목걸이
이걸로 행복하자고 생각했다
그런 날 밤에는 옷장 깊숙이 숨겨 둔
언어의 지갑을 꺼내 놓고
쓰지도 못하는 시
시도 아니다, 라고 생각했다

그렇게 보자기를 펼쳐
그릇을 싸다 보니
분가하는 막내를 끝으로
영영 오지 않을 것 같았던
시간이 품속으로 걸어왔다
가슴 속 봉지를 털어
씨앗을 심어 보기로 했다
한 번도 배우지 못했던 시
맹랑하게 스스로 꽃씨를 품었던

유년의 일곱 살
소녀가 걸어 나와 꼭 끌어안자
가슴에 박혔던 잘 여문 분꽃 씨앗이
그렁그렁 떨어졌다
머잖아 진분홍 분꽃이 만발할 것이다

목련꽃 피어나는 시간

오싹 한기에 파란 입술
막 피어나는 목련꽃
산속 사나운 추위, 어금니 문 시간
잘했구나, 한 송이도 얼지 않고
용하게 새 부리처럼 생긋
꽃차 만드는
한 줌 따기가 몹시 미안하다
먼 곳의 벗이 찾아와
버티는 일의 잔잔한 슬픔을
툭 털어 놓을 때

지칠 줄 모르는 바람을 품은 차
순백의 순결함 드시고
붉은 입술, 다시 찾으시라
더 힘 북돋워 단단히 사시라
눈빛으로 나누는 말들을 위한
고요한 언어를 우려내는 시간
목련꽃이 고개를 디밀어 피어납니다

비비추 비에 젖어

비비추 비에 젖어 대롱대롱
바람을 건드는 날입니다
장독대 항아리 속 효소들이
깊이를 잴 수 없게 발효되고
그 옆 맨드라미, 봉선화 몇 포기
수줍게 웃음 짓고 욕심내지 않습니다
피리가 헤엄치는 여름 노루소
숭어 노래를 흥얼거리게 하는 곳
잘 쉬고 있는 표고, 좋은 팔자를 타고났군요
여름 채소밭, 장마가 짧고 소나기가 부드러워야
작물이 건강한데, 결정권자는 늘 하나님
고요한 마음속 자신이 만져지는 곳
흙 속에 파묻혀 일하다 보면
세상사 모든 일에 땀과 눈물이
적셔있는 걸 비로소 터득하는 곳
풀에게 오금 못 펴도
자기 마음 가는 대로 자라는 비비추
제 색감은 다 표현하고 있네요
강직한 배관공 대호 아저씨가 짜 준
이 자리에 앉으면
선이 굵은 단단한 나무 질감과

주물 디자인이 듬직하게 와서 쉬라 한다
그래서 붙인 이름, 무심이라고
마음 없음은 마음 가득한 것 아닌가
비비추 비에 젖어
꽃술 아래에 대롱대롱
바람을 조용히 건드는 날입니다

눈 내리는 편백숲에서

반하다, 너를 처음 본 순간
미처 못 털어낸 슬픔
잔설 얹힌 어깻죽지에서
그대로 얼려버린 노여움의 시간
손끝마다 시리게 서리꽃 맺어 있던
네게 반했다

오늘 하루 잔 시름쯤
스스로 뚝뚝 부러뜨려
말없이 잘 쌓아 정돈하던
그냥 내버려 둬
지그시 돌아보던 네가 참 남달랐다
네 곁에 서면
세움, 뜻, 바름 등의 어휘가
마음을 키우게 하고
몸에 뼈를 가지런히 세우게 한다

인격이 훌륭한 사람 곁에 서는 듯
편백 숲에 발걸음 할 때마다
거칠고 못된 생각을 고쳐먹는다
그리고 심연에 깃드는

네게서 선사 받은 살리는 호흡
나는 누구에게 그런 향 그런 일을 했을까
그런 사람이 되고자 생각을 또다시 고쳐먹는다

정원생활자

새소리에 햇살이 깨어 일어나면
이슬 툭툭 털고 선 나뭇잎과 꽃송이들
부지런히 몸집을 키워 기다리고 섰다
병꽃도 나뭇잎 속에 작약도 숨바꼭질 중이고
우아한 날갯짓 옥잠화도, 겹분홍 접시꽃도
차례를 기다린다
가르치지 않아도 서로들 양보하며
햇살과 물을 나누는 중이다
작은 뜰을 돌보고
꽃송이와 푸른 잎을 마주하는 것은
삶을 가꾸는 싱그러운 일이다
노동을 가장한 휴식
상상의 실타래가 한없이 풀리는 명상
꽃밭이 자란다, 영혼이 자란다
나무는 늘 감동을 주는 설교자다
헤르만 헤세 씨가 귀띔 해줬다
쉬지 못하고 걸어야 하는 일상의 길
질퍽거리거나 잡초가 무성하거나
삶의 동선이 길어지고 복잡해질 때
심지 않아도 날아든 사랑초가
피어나는 정원길로 들어서자

라벤더가 활짝 향 김을 품으며
가슴 안쪽을 채워주고, 현자 오죽이
단단한 길을 터 줄 테니
나를 점령한 잡초를 헤치며
나무를 키우면서 성큼 나도 자랐다

휴휴산방, 실컷 놀다

이 시각, 이맘때만
만날 수 있는 계수나무 내음새
흠흠, 혹시 아시나요
곤충들은 땅속으로 숨고
내내 건조한 날씨 덕에
물이 마르기 시작하여
마음껏 자신의 달콤한 수액을
숲속 전체에 퍼트렸네요
어렸을 적 솜사탕 맛
달고나의 치명적 달콤함 그대로
숲속에 가득 물드는 허니 시럽
자리를 뜰 수가 없네요
남도의 단풍은 이제 출발하네요
앞서거니 뒤서거니 사이좋게
너도 물들니, 나도 물들여지고 있어
싱긋 햇살 아래 얼굴 비춰가며
도란도란 얼굴 붉어지네요

커다란 교자상 같은 한량 반송을 지나
눈에 띄는 느티나무 어진 자태를 지나
쑥쑥 속성수, 테기다 소나무 군락을 지나

커다란 잎사귀에 숨고 싶은 산 목련
잔영으로 더욱 우아한 산수국을 지나
저도 밤나무인데요, 불쑥 일어서는 너도밤나무
지나 설탕 단풍나무 타고 내려온 햇살과 한나절
시이소오 놀이 중 산허리를 넘었네요

에코백을 만들고, 쪽 염색을 하고
편백 열매 팔찌를 만들고, 애인한테 엽서를 쓰고
숲해설가 뒤에 서서 빙그레 웃는 나무들
숲속에서 하루 제대로 놀았네요
나무를 닮아 자기만의 잎사귀를
키워가는 열두 살 소년들
저도 실컷 놀았네요
바람이 지나가면서 말 거네요
다시 또 숲에 올 거예요
나무들이 다가와 손을 꼬옥 잡습니다
눈빛이 다들 머루알처럼 초롱해지네요
가을이 더 저물기 전에 꼭 숲에 다녀오세요
누군가와 함께, 혹은 호젓이 혼자
예서 제서 누군가 똘망한 눈빛으로
점 점 깊어지는 당신과 함께 발걸음을 맞출 거예요

보폭은 당신 마음대로

*휴휴산방 : 전남 광양시 옥룡면 서울대 연습림

나무가 하는 말, 산책할까요

구겨진 옷가지처럼
아무렇게나 널브러져 있었다
바람을 실은 나뭇가지들
거칠게 두들겨댔다
나랑 산책 가요
당신이 지나온 겨울을 알아요
내 손을 잡아요
거칠지만 잡고 있을수록 견딜 만할 겁니다
끝내 폭설과도 합심한
나뭇가지의 간절한 손길을 털어낼 수 없었다
나랑 함께 산책 가요

버들강아지 장난칠 궁리하는 개천을 따라
인생 한번 환히 피어날 때가 있답니다
벚나무 늘어선 강둑을 따라
봐요, 푸른 강가 끊임없이 출렁이는 물결을
억지로 잔잔해지려 하지 마세요
젊은 부부 라일락 향기를 쌓아가는 돌담집
아래 배시시 벙그는 석류알 터지는 아침
히어리, 귀걸이 주렁주렁 달고
기웃거리는 산기슭을 돌아

회화나무 헌헌장부 언덕배기를 지나
당신의 대부가 되어 줄게요
삼나무 군락이 이마에 주름을 모으며 말했다
맑은 수피를 흐르는 호흡소리
당신의 지난한 과거를 모두 소환했다
나랑 함께 산책 가요
상처를 또렷이 기억해요
숨 쉴 수 없었던 으름덩굴과의 사투
내 옆구리 옷자락 아래를 봐요
모든 사람들에게는 다 흔적이 있어
생강나무 쌉싸래한 잎사귀가 흉터를 얼른 덮었다

내 사랑의 뿌리는 한없이 깊고 넓어
지층 아래 헤매였어
날름대는 어둠 속에서도
그대를 만나리라
자갈, 모래, 강물로 흘러내리면서 쌓는 확신
그리움의 뿌리는 내면 깊숙이 숨겨두었고
그냥 오늘 하루를 말없이 살았어
숲속 키 큰 나무들 사이에서
절기에 맞춰 밥상을 차리고

절기에 맞춰 옷가지를 챙겨 입고
일하면서 보금자리 한 채를 세우려던 계획
일이 자꾸 꼬일 때, 결정을 내려야 할 때
어디든 문을 열고 나서봐
나무가 살며시 다가와 팔짱을 낄 거야
우리 산책 할래요
알아서 내게로 달려오는 그대
털썩 안기면 더 이상 좋을 수가 없어
당신의 모든 체관부가 커질 거야
푸르고 깊은 물관부에 솟구치는 박동 소리
나무가 하는 말, 산책할까요

| 해설 |

'자연과 사람의 다정한 연대', 에코토피아를 꿈꾸며

신원석(시인·문학평론가)

　인간에게 자연은 무엇일까? 중세 암흑기를 지나 근대의 문을 열었던 '인간 중심주의'는 자연을 인간을 위해 존재하는 대상으로 간주해 왔다. 일찍이 데카르트는 인간을 의식을 지닌 존엄한 존재라고 말하면서, 자연은 인간과 달리 의식이 없는 '물질'일 뿐이라고 규정하였고, 베이컨 또한 자연을 인간의 이익에 봉사하는 '노예'에 비유한 바 있다.
　인간 문명의 발달과 인간을 둘러싼 사회적, 문화적 환경이 변함에 따라 '인간'을 나타내는 용어 또한 다양하게 변화해 왔다. 아직 인류라기에는 원숭이에 더 가까웠던 '오스트랄로피테쿠스Australopithecus'부터 직립보행을 시작한 '호모 에렉투스Homo Erectus', 도구를 제작해 사용한 인간 '호모 하빌리스Homo Habilis'와 지혜로운 사람을 뜻하는 '호모 사피엔스Homo Sapiens'까지. 그러나 '만물의 영장'을 자칭하며 '호모 하빌리스'라고 외치던 인간은 환경오염과 생태계 파괴 등 인류 생존과 직결된 문제에 직면할 수밖에 없었고, 뒤늦게야 생태계를 이루는 모든 존재를 도덕적으로 대우해야 한다는 '생태 중심주의'에 눈을 돌리기 시작했다. 생물학 박사인 최재천 교수는 2012년 한 강의에서 인간은 다른 종에 배타적인 유일한 동물이라 지적하면서, 이제는 우리가 '함께 더불어 사는 인간'

을 뜻하는 '호모 심비우스Homo Symbious'가 되어야 할 때라고 말했다.

위난희 시인은 자연과 함께 숨쉬며 자연의 일부가 되기로 자처한 인물 같다. 그녀의 시를 읽고 있으면 에코토피아ecotopia에 있는 느낌을 받는다. '당신이 지속 가능한 삶을 실천하신다면, 게다가 사랑이 삶에서 최고의 가치라 여기신다면 우리 함께 푸른 별 지구에서 다정하게 연대하며 살아요.'(시인의 말 중에서)라고 말하는 시인은 '나무와 같은 마음결'을 닮아가기 위해 흙과 살을 맞댄 채, 나무와 꽃과 눈인사를 나누며 살아가고 있는 생태주의자. 그의 첫 시집인 『나무가 하는 말, 산책할까요』는 위난희 시인이 시인이기 전에 한 인간으로서, 한 인간이기 이전에 아주 작은 자연의 일부로서 살아왔던 삶의 단편이자, 자연의 친구로서 자연과 함께했던 푸르디푸른 순간들의 기록이다.

> 구겨진 옷가지처럼
> 아무렇게나 널브러져 있었다
> 바람을 실은 나뭇가지들
> 거칠게 두들겨댔다
> 나랑 산책 가요
> 당신이 지나온 겨울을 알아요
> 내 손을 잡아요
> 거칠지만 잡고 있을수록 견딜 만할 겁니다
>
> 〈중략〉
>
> 버들강아지 장난칠 궁리하는 개천을 따라
> 인생 한번 환히 피어날 때가 있답니다
> 벚나무 늘어선 강둑을 따라
> 봐요, 푸른 강가 끊임없이 출렁이는 물결을
> 억지로 잔잔해지려 하지 마세요
> 젊은 부부 라일락 향기를 쌓아가는 돌담집

아래 배시시 벙그는 석류알 터지는 아침
히어리, 귀걸이 주렁주렁 달고
갸웃거리는 산기슭을 돌아
회화나무 헌헌장부 언덕배기를 지나
당신의 대부가 되어 줄게요
삼나무 군락이 이마에 주름을 모으며 말했다

〈중략〉

내 사랑의 뿌리는 한없이 깊고 넓어
지층 아래 헤매였어
날름대는 어둠 속에서도
그대를 만나리라
자갈, 모래, 강물로 흘러내리면서 쌓는 확신
그리움의 뿌리는 내면 깊숙이 숨겨두었고
그냥 오늘 하루를 말없이 살았어
숲속 키 큰 나무들 사이에서
절기에 맞춰 밥상을 차리고
절기에 맞춰 옷가지를 챙겨 입고
일하면서 보금자리 한 채를 세우려던 계획

〈중략〉

털썩 안기면 더 이상 좋을 수가 없어
당신의 모든 체관부가 켜질 거야
푸르고 깊은 물관부에 솟구치는 박동 소리
나무가 하는 말, 산책할까요
　　　　　　　　－「나무가 하는 말, 산책 할까요」일부

시인은 '바람'에 흔들리는 '나뭇가지들'의 말소리를 알아듣는 특별한 귀를 갖고 있다. '당신이 지나온 겨울을 알아요', '거칠지만 잡고 있을수록 견딜 만할 겁니다'라며 불쑥 '손'을 내미는 '나무'와 함께 시인은 '산책'을 결심하고, 그렇게 '아무렇게나 널브러져' 있던 시인은 '나무'와 함께 친구로서의 여정을 시작한다. 이 시에서 시인이 보여주는 '산책'이란 단순히 휴식을 취하거나 건강을 위해서 천천히 걷는 일을 의미하는 것은 아닐 것이다. 함께 살아가면서도 알아채지 못했던 수많은 '자연'의 숨결을 만나고 그들과 마음을 나누며 사는 '생의 길'이다.

'개천'에서 '장난칠 궁리' 중인 '버들강아지'와 강둑을 따라 늘어선 '벚나무'와 인사를 나누며 '강둑'을 지날 때, 나무는 '푸른 강가'의 '출렁이는 물결'을 가리키면서 시인에게 '억지로 잔잔해지려' 하지 말라는 따뜻한 충고를 건넨다. '라일락 향기'가 가득한 '돌담집', 그 아래 벙글어지기 시작한 '석류', '귀걸이'를 '주렁주렁' 매달고 기웃거리는 '히어리'와 눈짓을 나누고 산기슭을 돌아내려 가던 시인은 '이마'를 모으며 '당신의 대부가 되어 줄게요'라고 말하는 삼나무들의 힘찬 응원을 듣기도 한다.

시인이 마음속에 간직하고 있는 '내 사랑의 뿌리'는 '한없이 깊고 넓'었음을, 그래서 '어둠' 가득한 '지층' 아래를 헤매면서도 '그대'를 만나리라 다짐하고 있었다고 고백한다. 이미 오래전부터 자신도 '나무'였음을. 절기에 맞춰 '밥상'을 차리고 '옷가지'를 챙겨 입으면서, 그저 그렇게 '말없이' 하루를 살면서도 '나무'에 대한 시인의 깊은 그리움은 '숲속 키 큰 나무들 사이'에 이미 '보금자리 한 채'를 지었다고. 그는 결국 '나무'와 함께 산책을 하며 살아가는 삶을 살고 있다. '털썩 안기면 더 이상 좋을 수가 없'다고 말하는 사람과 그 곁에서 '산책할까요'하고 말을 건네는 나무의 모습, 그것이 시인이 꿈꾸는 '다정한 연대'가 아닐까.

린넨 한 마 펼쳐 수를 놓는다
올 짜임이 고르고 짱짱한 베이지색
마음을 동그란 수틀에 팽팽히 감아
살아온 날, 가늘고 뾰족한 7호 바늘에

인생 길목에서 꼭 만날 수 있다던
세 가닥 행운의 실을 겹쳐
살아갈 날, 정성껏 그림을 그려 수를 놓는다

바늘이 작을수록 구멍이 작을수록
원하는 위치에 정확히 찌를 수 있어
한결 얌전한 수를 놓을 수 있어
고단할 적마다 조심히 보풀을 제거해 가며
알록달록 살아온 날, 곱게 수를 놓는다
마음속에 꽃이 앉았다
마음속에 꽃이 일어났다
분에 넘치게 탐하고 누리고 싶던
마음 자칫 손가락을 찌르고
행여 못쓸 인연은 예의를 갖춰 단단히
다시 풀리지 않도록
두 번 휘감아 매듭을 짓자
엉킨 인연은
바늘을 돌려서 되돌아가 본다
오던 길을 천천히 가다 보면 꼬임을 풀어 주며
마음의 실을 따라가다 보면

꽃이 배고픈 찬 바람 부는 겨울밤
귀하기가 보라 비로용담 같던 사람
내려와 자고 있다
언제라도 어떤 부탁이라도 들어주던
흰색 약모밀 같던 사람이 웃고 있다
눈부시다는 것은 이런 것이야
가르쳐 주던 분홍 금낭화 그 사람, 한없이 그립다
풀어지지 않던 분심, 노랑 노루귀 몸짓 때문에

긴장이 풀려 털썩 주저앉았다
생각나구나, 참나리 주황색 확실한 성품
그 어른한테 문득 신세 지던 한 시절

한겨울 찬바람에도 떨어지지 않는 꽃
인생 정원에서 나를 다독이며 수를 놓는다
누군가 기웃거려 창문을 열어주니
호랑가시 붉은 열매 수틀 속으로
날아들어 콕콕 쪼다 무심하게 날아간다

— 「인생은 아름다워」 전문

'수'를 놓는 것은 어떤 의미일까? 우리는 학창 시절 배웠던 시 속에서 '수'를 놓으며 마음을 다스리던 시인들의 모습을 어렵지 않게 떠올릴 수 있다. 시인 한용운은 「수繡의 비밀」에서 '짓기 싫어서 짓지 못하는 것이 아니라 짓고 싶어서 다 짓지 않은 것'이라는 역설의 미학을 통해 임에 대한 변함없는 기다림을 노래하였고, 시인 허영자는 「자수刺繡」에서 '수' 놓기를 통해 '세사번뇌世事煩惱'를 다스리며 '극락정토極樂淨土'를 꿈꾼 바 있다. 그렇다면 위난희 시인에게 수 놓는 일이란 무엇일까? 그에게 '수 놓기'란 지나온 생과 지나가야 할 생을 그려보는 일이며, 숱하게 스쳐 간 인연들을 떠올리는 반추이자 그리운 사람을 마음껏 그리워할 수 있는 욕망의 발로이다.

 '수'를 놓으며 시인은 '살아온 날'과 '살아갈 날'들을 짚어 본다. '수'를 놓는 일은 적어도 요령이 있어야 하는 법이어서 '분에 넘치게 탐하고 누리고 싶던/ 마음'으로는 손가락을 찔리기 일쑤다. '바늘'이 작고 '구멍'이 작을수록 원하는 곳에 '정확히' 찌를 수 있다는 시인의 말은 시인이 오랜 세월 동안 삶과 부딪치며 아프게 얻어낸 지혜일 것이다. 또한 '수'를 놓는 시간은 '마음속'에 '꽃'이 앉았다가 일어나는 시간이기도 하다. 시인은 꽃의 움직임을 따라 자신을 스쳐 갔던 인연들을 생각한다. '못 쓸 인연'은 예의바르게 단단히 '매듭' 짓고, '엉킨 인연'은 천천히 풀어 주면서 마음 가는 대로 짓는 '수 놓기'는 그의 삶의 방식과 태도를 함축하고 있는 행위로 보인다.

'수'는 심지어 시인의 손을 이끌면서 그리운 존재들에게로 다가가게 한다. '수 놓기'는 잊고 있던 존재에 대한 그리움을 불러일으키고, 시인은 수를 놓으며 그리웠던 존재를 향해 마음으로 다가간다. 언젠가 '분홍금낭화'를 보이며 '눈부시다는 것은 이런 것이야'하고 말해주던 사람, '비로용담'같이 귀하디귀하고 '흰색 약모밀'같이 해맑게 웃던, '한겨울'의 '찬바람' 속에서도 떨어지지 않던 '꽃' 같은 사람을 향해서. 마음이 그에게 가닿은 순간, 열어둔 창문으로 '호랑가시' 한 마리로 날아들고, '붉은 열매' 같은 시인의 가슴 '콕콕' 건드리고 날아가 버리는 '무심'함. 그리움은 끝이 없고, 시인은 수를 놓을 수 없다.

    옥천 따라 한달음
    유유한 동천에 안겨
    어깨를 부딪쳐도 선선한 얼굴
    호기심 가득 벚꽃이 터지고

    지친 노동의 하루
    순간마다 흔들렸던 마음 자락
    일순간 애썼다
    가만히 알아주는 산들바람

    부지런한 봉화산 양지꽃 기척에
    난봉산 노루귀 기지개를 켜고
    갈대숲 칠게 사각사각
    쉴 참 없는 밥벌이 중
    누군들 허리 굽혀 살지 않을까
    서러워 마라, 선암사 연못 댓돌 아래
    겹벚꽃이 내미는 손

연분홍 손수건으로 씻는 땀방울
조계산자락 열두 폭 비단
일제히 힘을 북돋는 박수 소리에
사람들 이마에
고요히 싹 트는 초록 나뭇잎

대처에서 서성이던 내내
묵묵히 키운 꾸깃꾸깃 꿈
오늘 당신 밥상 보랏빛 위로
낙안읍성 자목련 툭툭 터집니다

-「순천의 봄」 전문

'동천'은 전라남도 순천시의 서면으로부터 시작되어 흐르다가, 중간에 '옥천'과 합수하여 흐르는데 그 물의 흐름을 '이수二水'라고 부른다. 꽃이 필 즈음이면 매년 축제가 열릴 만큼 순천의 벚꽃은 유명하지만, 시인에게는 옥천의 모든 자연이 특별하다. '옥천'과 '동천'의 합수는 '어깨'를 부딪치고도 '선선'하고, '벚꽃'은 들뜬 마음으로 봄 길을 걷던 시인의 눈 속에는 활짝 터진다. 시인은 귀를 열고, 자연이 전하여 주는 소리를 듣는다. 지친 노동의 하루 끝에서 '애썼다' 말해 주는 산들바람의 소리, 봉화산 '양지꽃'이 들려주는 생의 기척과 '누루귀'가 따뜻한 봄 햇살 아래 기지개를 켜는 소리, '사각'거리는 '갈대숲', 그리고 쉴 틈 없이 '밥벌이' 중인 '칠게'의 모습까지. 그러한 자연의 모습에서 시인은 '허리 굽혀' 살아야 하는 삶의 고단함을 떠올리고, 서러워 말라며 손을 내미는 '벚꽃'의 손을 잡고 또 한 번 일어난다.

 이 시에 등장하는 자연물들은 봄이 도래한 순천의 모습을 감각적으로 펼쳐 보이는 대상이지만, 인간과 자연이라는 경계가 말끔히 지워진 교감의 상대이기도 하다. 이처럼 정겹고 따뜻한 풍경이 있을까? '조계산자락'이 보내는 '박수 소리'에 '사람들'의 이마에는 '초록 나뭇잎'이 싹 트고, '대처'에서 서성거리다 '꾸깃꾸깃' 접어두었던 꿈을 시인은 보랏빛 '자목련'처럼 다시 '툭툭' 터뜨린다. 「순천의 봄」을 읽고 있으면, 수천 년을 함께 지낸 유기체처럼 인간과 자연은 참으로 정다웁다.

그래도 사람이 아름다웠다
생각했다 분 단위로 시간을 쪼개어
버틸 수 있을 때까지

쉼 없이 궁리하며 살던 아파트 문을 닫자
칼바람이 꽁지 미련을 싹둑 베어 버렸다
지하철을 빠져나오니 얼마나 기다렸을까
깍지 뒤집어쓴 싹 한 톨, 고개를 틔웠다
흠칫 놀라 부르르 떨었다
그래서 작정했다
기뻐서 고마워서 돈을 모으는 대신
부지런히 씨앗을 모으기로 했다
세상의 모든 씨앗으로
내 지갑을 빵빵하게 채울 거야

다시 돌기 시작하는 작약꽃
모세혈관까지 숨을 모으고 집중해야 해
오훗! 봉오리가 벌어졌다
탁구공처럼 튀어 오르던 시냇물
그녀가 신나서 멀리뛰기를 했다
초록 방아를 온 숲에 찧고 다녔다
차분히 앉아서 머리카락과 볼을 쓸어 주자
좋아서 바람보다 먼저 떼구루루 구른다

내 작고 앙증맞은 지갑에
구름을 열어젖히고 비추던 햇살 주워

손바닥 텃밭을 만들고
흙벽돌 두 칸 방을 들어 뉘이고
서슬 퍼런 바람에 파드득 살갗이 타 들던
어린나무를 심으며 날마다 나를 키웠다
수시로 쳐들어오던 기마병 칡넝쿨
항복, 항복해 백기를 꽂으며
밭고랑 흙 속에 호미를 던지던 날
툭 튀어 손등에 오르던 연초록 3센티쯤 무게
여름의 끝, 나날이 가벼워지던 공기
밤새워 앞날개 비벼 켜던 여치, 그녀로구나
공기보다 가볍게 더 가볍게
신나서 멀리뛰기를 하던, 그녀는 여치였다
가녀린 몸, 어디서 솟구치는지
네 만의 무늬를 키워봐
성가시게 해선 안 돼, 저만치 자라는 나무들
풀 섶에 거른 이슬을 두루두루 나누며 사는 곳
잘 익은 살구 툭 떨어지자
깨질라 백리향 솜이불 꽃 힘껏 받아 주는 곳
곤줄박이 화음에 놀라 후다닥 꽃망울 피운
큰 꽃 으아리 시치미를 떼도
미끄럼 타는 햇살이 다려 준
보송한 옷가지 주름을 펴 입고
참 좋은 관계를 다시 시작할 거야

〈중략〉

그래도 사람이 아름다웠다
생각했다 하루 단위로 시간을 쪼개어
마음껏 살 수 있을 때까지

– 「숲의 생리학」 일부

'그래도 사람이 아름다웠다'는 진술은 표면적으로 '사람'에 대한 시인의 애정을 보여주지만, '분 단위로 쪼개어' 생각해 내야 했고, '버틸 수 있을 때까지' 생각해야 했다는 행간의 의미를 생각하면 그것이 사람이라는 존재에 대한 시인의 절망감을 반어적으로 드러내는 것이 아닌가 싶다. 하지만 공간이 '아파트'에서 '길'로 개방되면서 시는 한 차례의 시상의 전환을 맞이하게 되는데, 시인은 길에서 만난 '싹 한 톨' 때문이다. 그것은 각박한 도시에서 '쉼 없이 궁리하며' 살아야 했던 시인의 또 다른 모습이면서 또한 생명과 희망을 품은 존재로 시인의 눈에 비쳤을 것이다. 그로부터 시인은 커다란 결심을 하게 되는데, 그것은 지금까지 순응하고 따르기만 했던 도시의 생태를 과감히 버리는 일이다. 숲의 생리를 닮기로 단단히 마음먹은 시인은 '돈' 대신 '씨앗'을 모으면서 '빵빵하게' 채워질 '지갑'을 꿈꾼다. 다시 피가 돌기 시작한 '작약'은 시인에게 봄이 오면 숨결이 도는 자연의 순환적 생리를 보여주고, 그로부터 시인은 또 다른 삶의 출발점에 선다. '작약'이 '꽃'을 막 피우려는 순간에 '모세혈관까지 숨을 모으고' 집중하는 시인의 태도는 존재에 대한 그의 사랑을 넘어 생명에 대한 '경이驚異'로까지 나아간다.

시인에게 '수'를 놓는 일이 그리운 대상에게 조용히 다가가는 행위였다고 한다면, 가까이 다가앉아 '꽃'을 바라보고, 흙을 파헤쳐 '나무'를 심는 일은 시인이 다시 어린 소녀로 태어나는, '환생' 또는 '회귀'의 의미를 지니는 것으로 보인다. '꽃'을 심으면 마침내 텃밭이 '생명'을 품기 시작하고, 성장하는 '나무'는 곧 시인 자신의 성장이다. 손등 위에 '연초록 3센티쯤의 무게'로 내려앉는 '여치'의 모습은 자연 그 자체이면서 동시에 온 숲에 '초록 방아'를 남기며 폴짝폴짝 뛰어다니던 어린 시절의 시인 본연의 모습이기도 하다.

다시 '흙 속'에 '꽃'을 피우고, '열매'를 맺기로 약속한 시인은 벌써부터 '씨앗'으로 풍성해진 지갑을 떠올리며, '그래도 사람이 아름다웠다'고 말한다. 사람이라는 존재에 대한 기대와 그로 인해 얻은 상처를 안고 살던 시인은 이제 씨앗을 줍는 소녀가 되어 '마음껏', 아름다운 '사람'이 되어 보기로 한다.

　위난희 시인은 자연과 함께 숨쉬면서, 진정한 자연의 친구가 되기를 꿈꾸는 사람이다. 그래서 그의 시세계는 모두 자연으로 둘러싸여 있고 그가 들려주는 어조는 누구보다 푸르고 싱싱하다. 그녀는 '한 평 부추 밭'에서 한 없이 그윽한 '어머니'를 떠올리기도 하고(「부추 밭에서」), '메밀꽃'과 '나팔꽃'을 바라보며 착하디착한 '상록반'의 아이들을 만나기도 한다(「상록반」). '플루메리아'처럼 '행운' 같은 사람들의 이야기(「플루메리아」)와 '콩나물'이 보여주는 '평민의 새벽'(「콩나물」)에 이르기까지, 시인의 삶은 온통 자연으로 둘러싸여 있다. 사람과 자연의 경계가 지워진 곳에서 어린 소녀처럼 뛰어놀고 싶다면 이번 그녀의 시집 『나무가 하는 말, 산책할까요』를 읽어 보기 바란다. 흙에서 만져지는 뜨거운 숨소리와 꽃의 환한 미소를 보고 싶다면, '산책할까요'하고 건네는 나무의 음성을 듣고 싶다면.

그림과책 시선 284

나무가 하는 말, 산책할까요

초판 1쇄 발행일 _ 2023년 5월 24일

지은이 _ 위난희
펴낸이 _ 손근호

펴낸곳 _ 도서출판 그림과책
출판등록 2003년 5월 12일 제300-2003-87호

03924 서울특별시 마포구 월드컵북로54길 17 821호
    (상암동, 사보이시티디엠씨)
    도서출판 그림과책
전화 (02)720-9875, 2987 _ 팩스 (02)720-4389
도서출판 그림과책 homepage _ www.sisamundan.co.kr
후원 _ 월간 시사문단(www.sisamundan.co.kr)
E-mail _ munhak@sisamundan.co.kr

ISBN 979-11-90411-91-2(03810)

값 13,000원

이 책의 판권은 지은이와 그림과책에 있습니다.
잘못된 책은 교환해 드립니다.

후원 : 전라남도 전람 문화재단

이 책은 전라남도, (재)전라남도문화재단의 후원을 받아 발간되었습니다.